PIANO • CANTO • GUITARRA

¡PURO VALLENATO!

ISBN 0-634-05446-5

HAL•LEONARD®
CORPORATION
7777 W. BLUEMOUND RD. P.O. BOX 13819 MILWAUKEE, WI 53213

Visit Hal Leonard Online at
www.halleonard.com

ALICIA ADORADA

Words and Music by
JUANCHO POLO VALENCIA

Moderado rápido

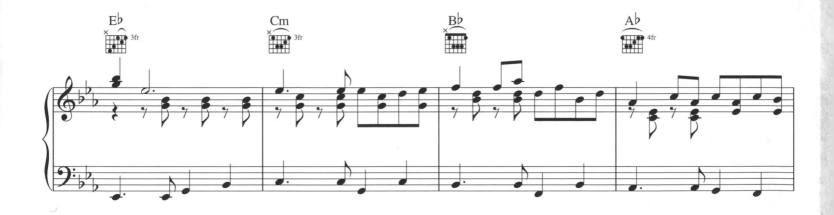

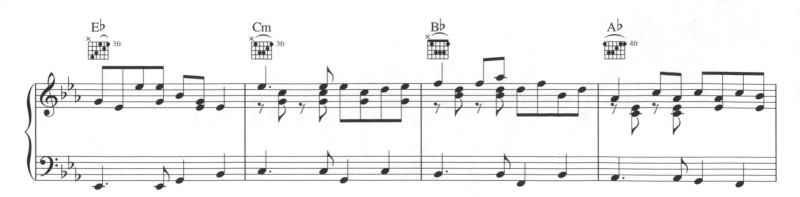

Co-mo Dios en la tie-rra no tie-ne_a-mi-gos   co-mo_u-no no tie-ne_a-mi-gos en el
A-li-cia mi com-pa-ñe-ra que tris-te-za   A-li-cia mi com-pa-ñe-ra que do-

aire. _____
lor. _____

Co-mo Dios en la tie-rra no tie-ne_a-mi-gos   co-mo_u-
A-li-cia mi com-pa-ñe-ra que tris-te-za   A-li-

4

no no tie - ne a - mi - gos que lo quie - ra.
cia mi com - pa - ñe - ra que do - lor. ___
Tan - to le ___ pi - do y le pi - do ay hombe
Y so - la - men - te a Va - len - cia ay hombe

se mu - rió ___ mi com - pa - ñe - ra.
el gua - ya - bo le de - jó.
Tan - to le ___ pi - do ay le pi - do ay hombe
Y so - la - men - te a Va - len - cia ay hombe

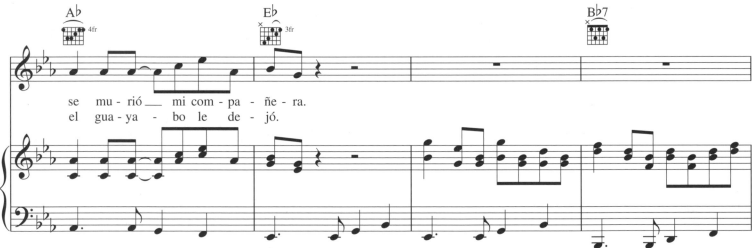

se mu - rió ___ mi com - pa - ñe - ra.
el gua - ya - bo le de - jó.

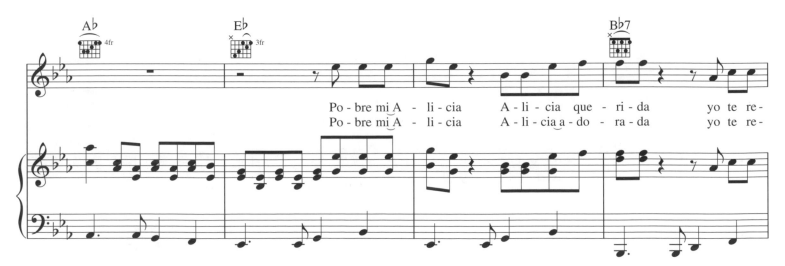

Po - bre mi A - li - cia A - li - cia que - ri - da yo te re -
Po - bre mi A - li - cia A - li - cia a - do - ra - da yo te re -

cor - da - ré ___ to - da la vi - da.   Po - bre mi A - li - cia   A - li - cia a - do - ra - da   yo te re-
cuer - do en to - das mis pa - rran - das.   Po - bre mi A - li - cia   A - li - cia que - ri - da   yo te re-

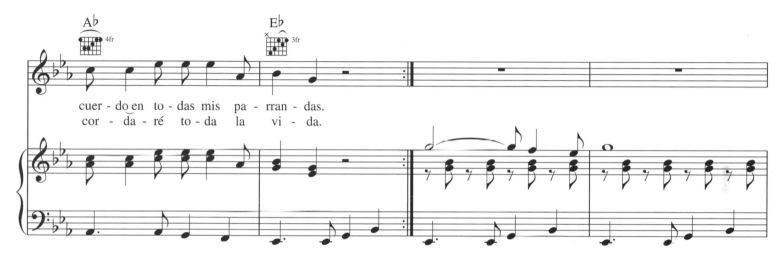

cuer - do en to - das mis pa - rran - das.
cor - da - ré to - da la vi - da.

A - llá en flo - res de Ma - rí - a
A - llá en flo - res de Ma - rí - a

A - li - cia ___ mu - rió só - li - ta. ___
don - de tó el mun - do me quie - re. ___

Po - bre mi A - li - cia   A - li - cia que - ri - da   yo te re -

cor - da - ré___ to - da la vi - da.   Po - bre mi A - li - cia   A - li - cia a - do -

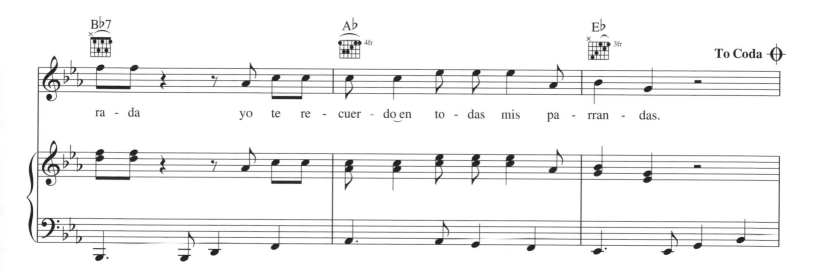

To Coda ⊕

ra - da   yo te re - cuer - do en to - das mis pa - rran - das.

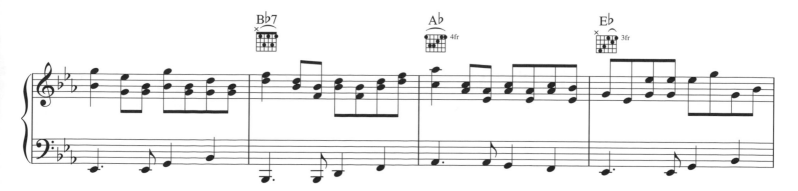

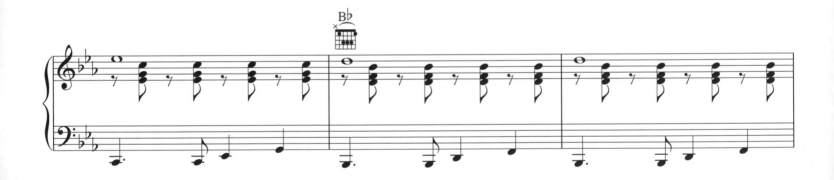

ALTOS DEL ROSARIO

Words and Music by
GILBERTO ALEJANDRO DURÁN DÍAZ

Moderado

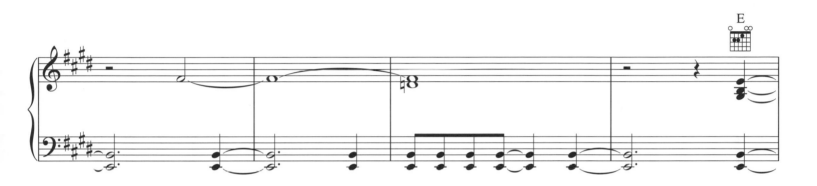

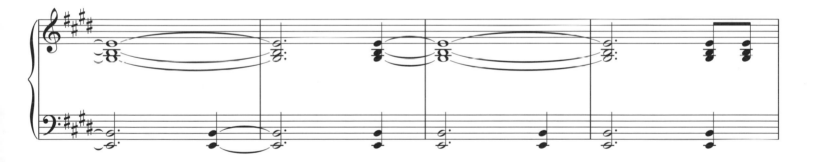

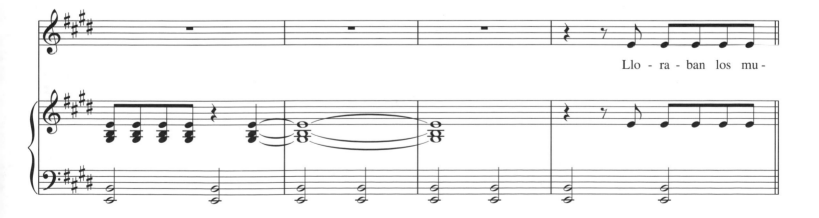

Llo - ra - ban los mu -

cha - chos llo - ra - ban los mu - cha - chos llo - ra - ban los mu - cha - chos al ver mi des - pe -

di - da yo sa - lí del al - to yo___ sa - lí del al - to yo sa - lí del

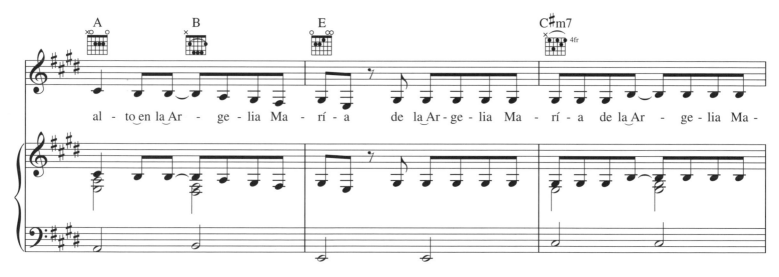

al - to en la Ar - ge - lia Ma - rí - a de la Ar - ge - lia Ma - rí - a de la Ar - ge - lia Ma -

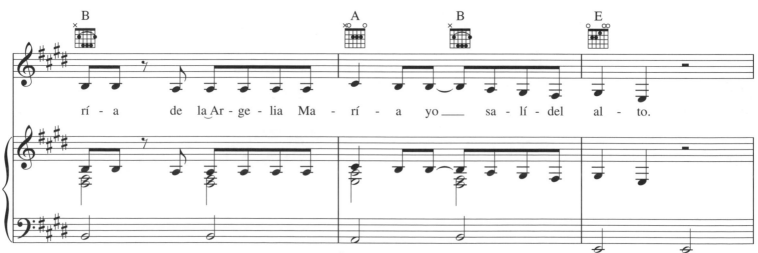

rí - a de la Ar - ge - lia Ma - rí - a yo___ sa - lí - del al - to.

Ay _____ de - cía Mar - tín Rod -

rí - guez de - cía Mar - tin Rod - rí - guez de - cía Martín Rod - rí - guez lo mis - mo su pa -
je - res llo - ra - ban la mu - je - res llo - ra - ban la mu - je - res ya se fue el po - bre

pá. Que la fies - ta si - gue la si __ la fics - ta si - gue si la fies - ta
ne - gro. Di - nos cuan - do vuel - ves __ di - nos cuan - do vuel - ves di - nos cuan - do

si - gue durán __ si no se va. Durán si no se va du - rán __ si no se
vuel - ves y nos __ da - rás con - sue - lo. Nos da - rás con - sue - lo nos __ da - rás con -

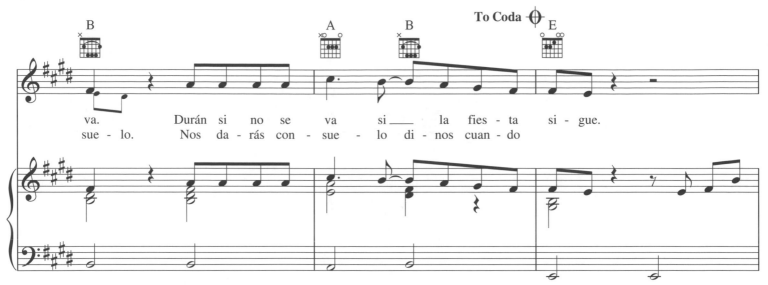

va.   Durán si no se va si____ la fies - ta   si - gue.
sue - lo.   Nos da - rás con - sue - lo di - nos cuan - do

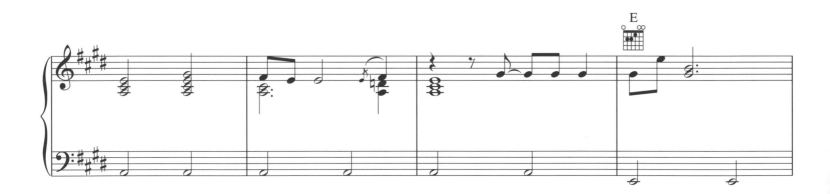

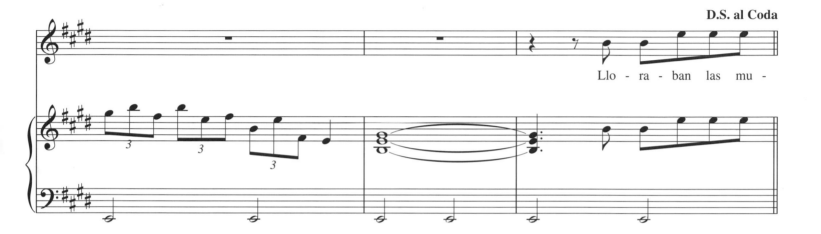

Po - bre - ci - to A - ven -

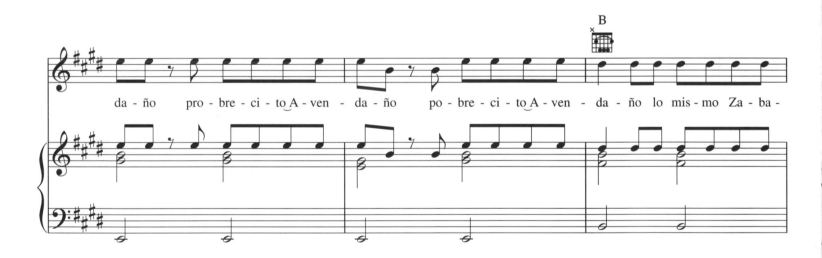

da - ño pro - bre - ci - to A - ven - da - ño po - bre - ci - to A - ven - da - ño lo mis - mo Za - ba -

le - ta. _____ Se fue - ron llo - ran - do se _____ fue - ron llo -

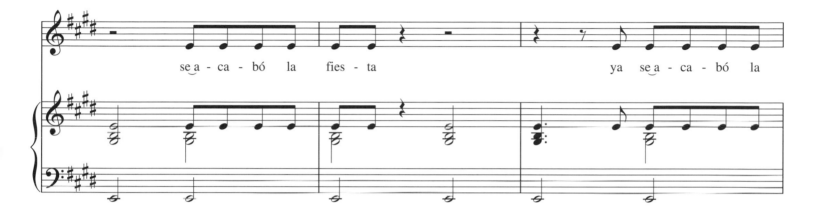

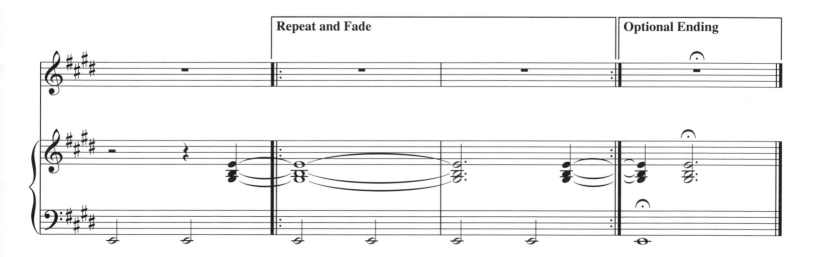

AQUÍ CONMIGO

Words and Music by
WILFRÁN CASTILLO UTRIA

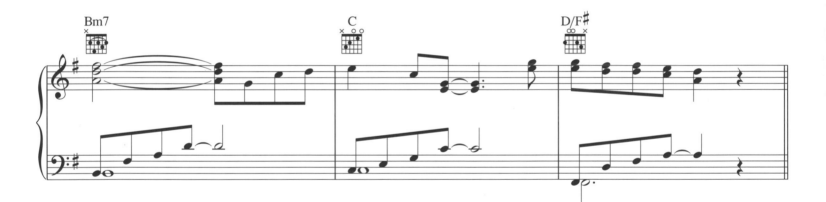

No ne-ce-si-tas ir - te pa-ra ha-cer - me fal - ta

no ne-ce-si-tas ves-tir - te de gue___ pa-ra ha-cer - me fe-líz

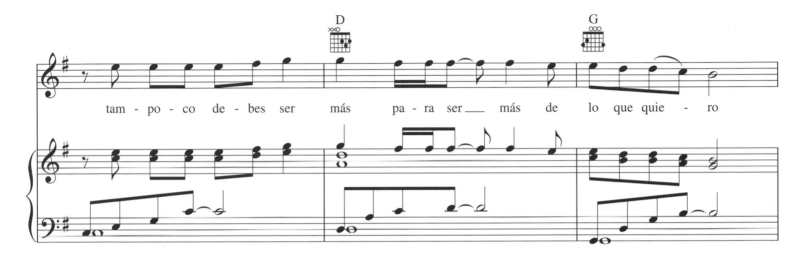

tam-po-co de-bes ser más pa-ra ser___ más de lo que quie-ro

tan so-lo quie-ro vi-vir___ jun-to a tí mi-rar jun-to a tí el

cie - lo. Si me re-ga-las tus i - lu-sion-es___
a - rás mis i - lu-sion-es___

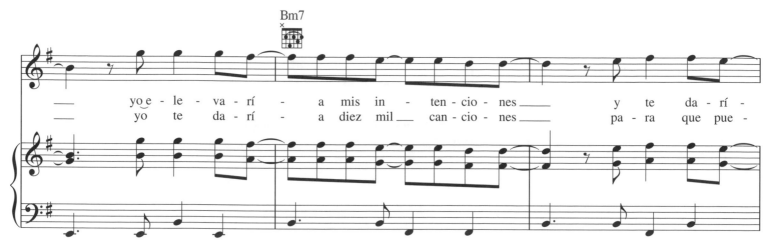

yo e - le - va - rí - a mis in - ten - cio - nes____ y te da - rí -
yo te da - rí - a diez mil____ can - cio - nes____ pa - ra que pue -

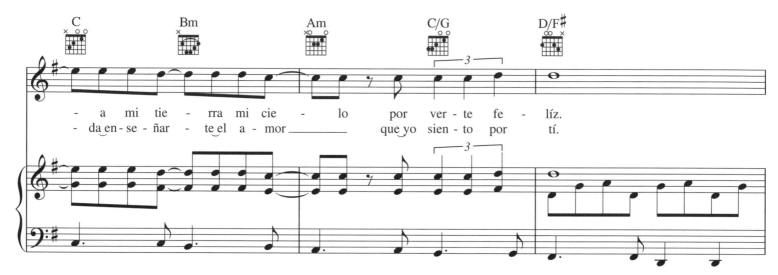

- a mi tie - rra mi cie - lo por ver - te fe - líz.
- da en - se - ñar - te el a - mor_____ que yo sien - to por tí.

Si tú bus - ca - ras a Dios____ con - mi - go_____ se - rí - a Dios
Y si pu - die - ra dar - te un be - so_____ en un in - stan -

___ mi me - jor____ tes - ti - go_____ de que te a - mo y que no hay en el mun -
- te me ha - rás tu pre - so_____ que a - rro - ja - rí - a las lla - ves al mar_

do quien te a me a sí.
pa — ra nun — ca sa — lir.
Te ne — ce —

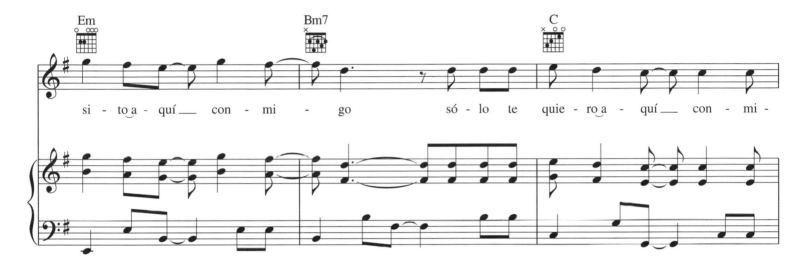

si — to a — quí___ con — mi — go só — lo te quie — ro a — quí___ con — mi —

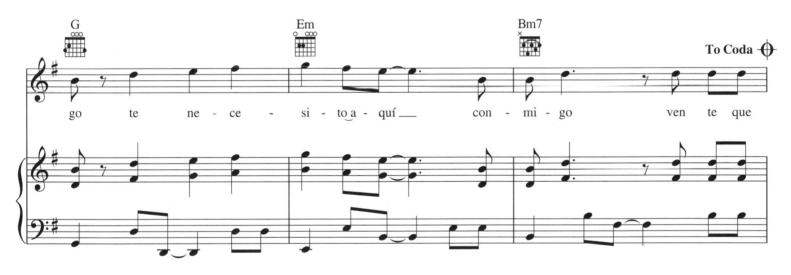

To Coda

go te ne — ce — si — to a — quí___ con — mi — go ven te que

quie — ro a — quí___ con — mi — go.___ Y te da —

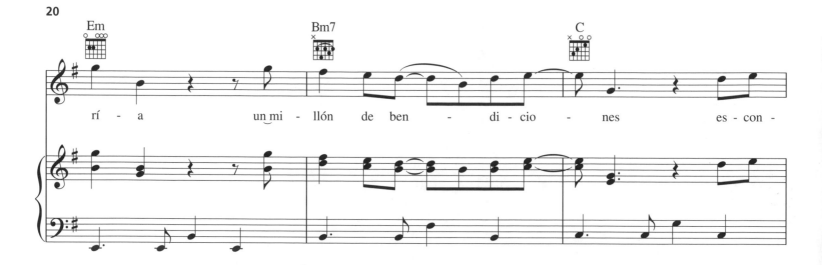

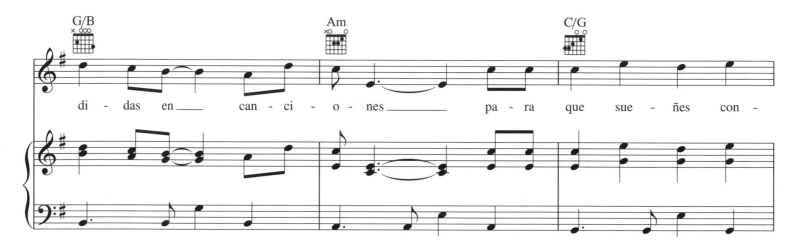

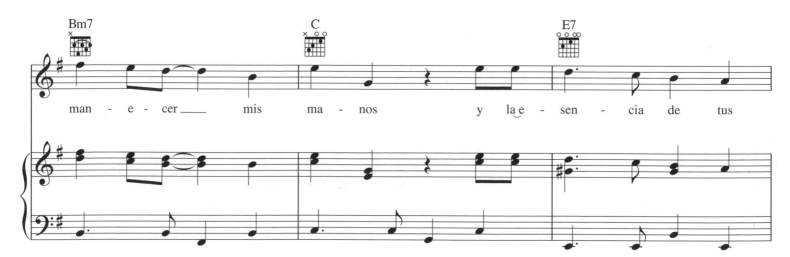

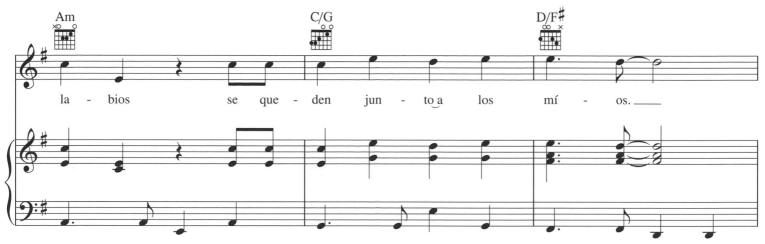

la - bios se que - den jun - to a los mí - os. ___

Te ne - ce - si - to a - quí ___ con - mi - go só - lo te

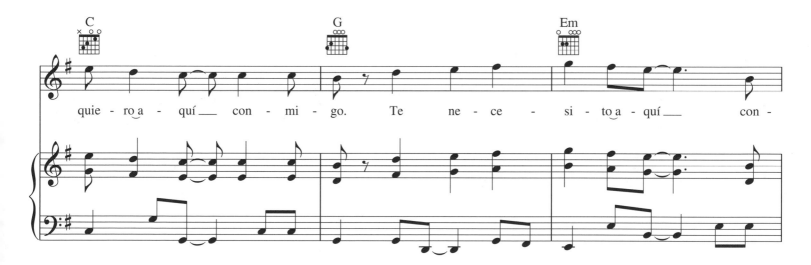

quie - ro a - quí con - mi - go. Te ne - ce - si - to a - quí ___ con -

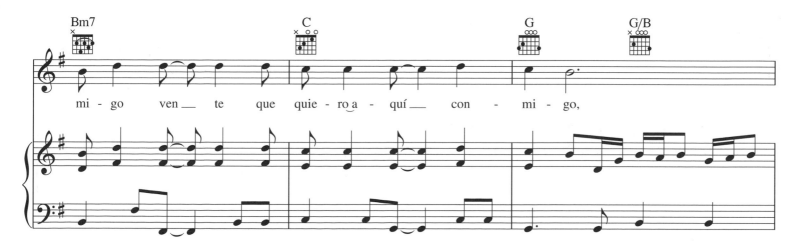

mi - go ven - te que quie - ro a - quí ___ con - mi - go,

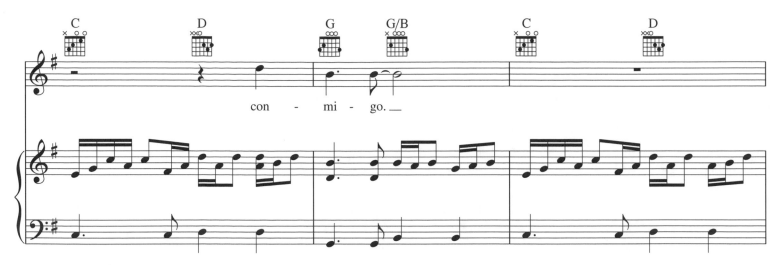

con - mi - go. ___

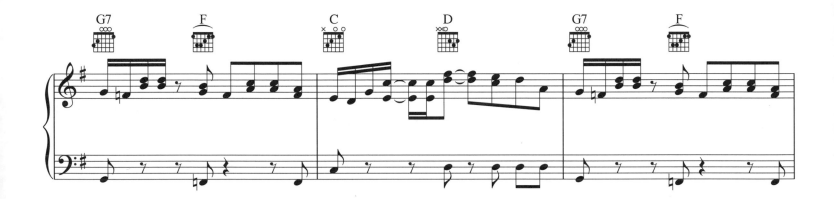

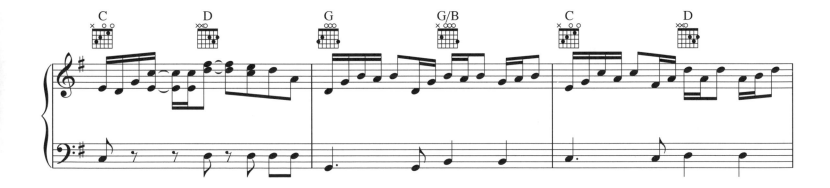

Có - mo me due - le el al -

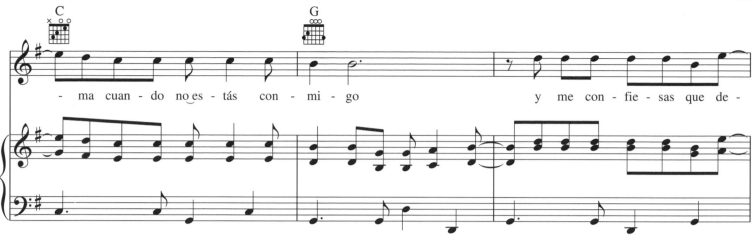

-ma cuan-do no es-tás con-mi-go y me con-fie-sas que de-

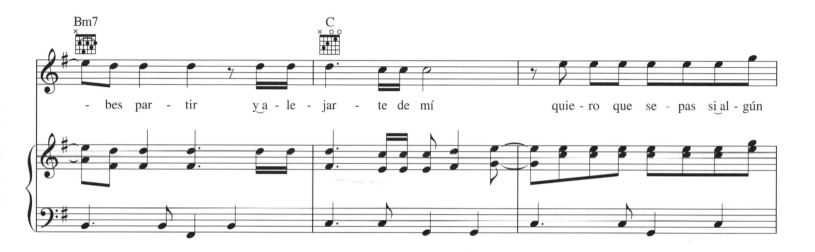

-bes par-tir y a-le-jar-te de mí quie-ro que se-pas si al-gún

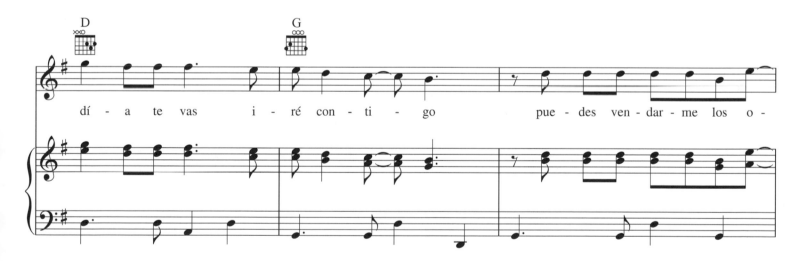

dí-a te vas i-ré con-ti-go pue-des ven-dar-me los o-

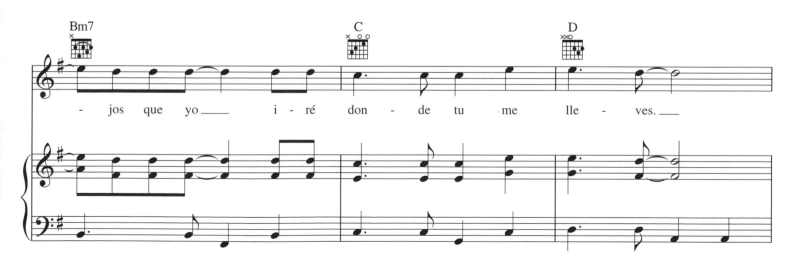

-jos que yo___ i-ré don-de tu me lle-ves.___

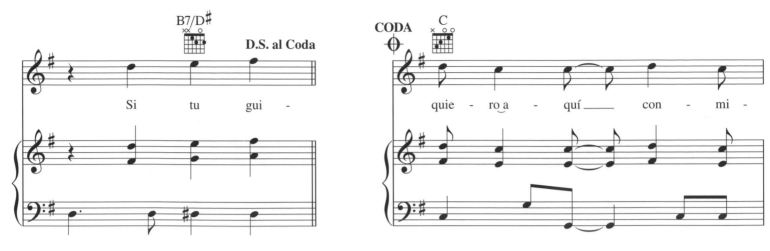

D.S. al Coda

Si tu gui -

CODA

quie - ro a - quí ____ con - mi -

go. Te ne - ce - si - to a - quí ____ con - mi - go ven te que

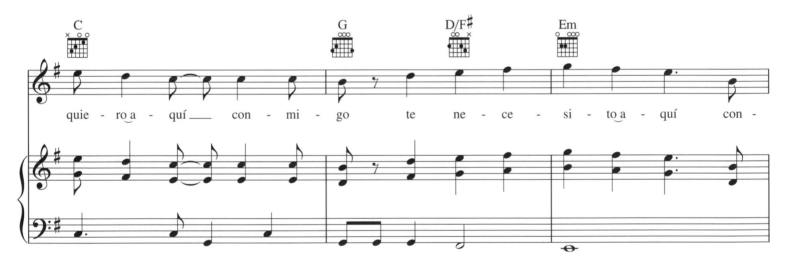

quie - ro a - quí ____ con - mi - go te ne - ce - si - to a - quí con -

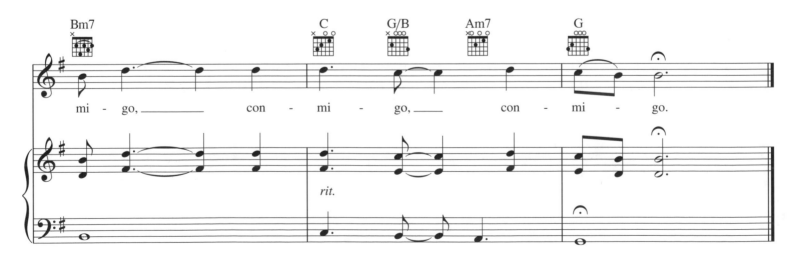

mi - go, ____ con - mi - go, ____ con - mi - go.

rit.

DÉJAME ENTRAR

Words and Music by CARLOS VIVES,
MARTÍN MADERA and ANDRÉS CASTRO

Rápido

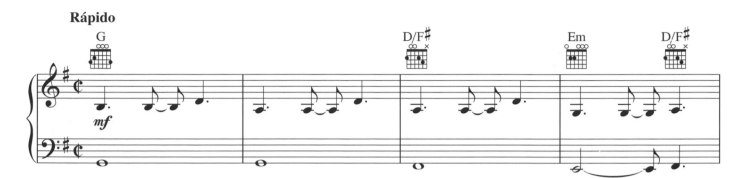

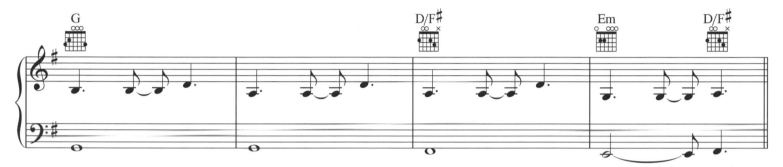

Dé - ja - me en - trar en __ tu mi - ra - da   quie - ro lle - gar has - ta tu
Ser   tu   par - ti - da y __ tu lle - ga - da   quie - ro na - cer des - de tu

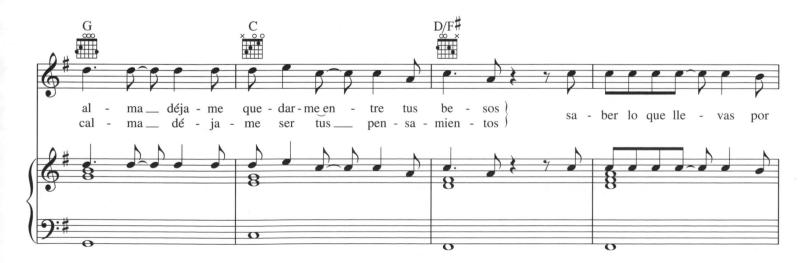

al - ma __ dé - ja - me   que - dar - me en - tre tus be - sos }
cal - ma __ dé - ja - me   ser   tus __ pen - sa - mien - tos }

sa - ber lo que lle - vas por

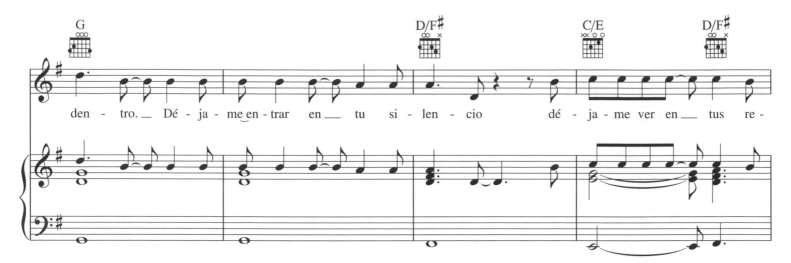

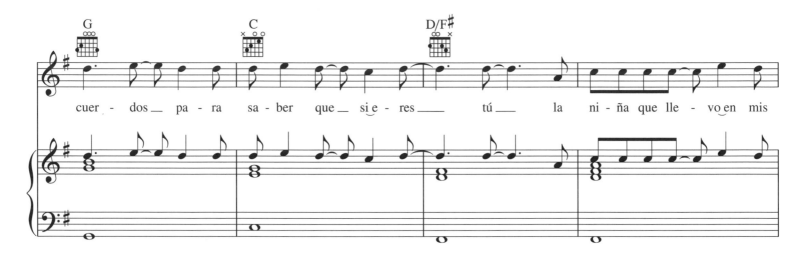

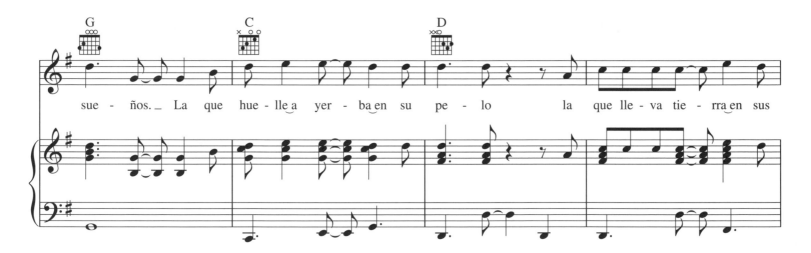

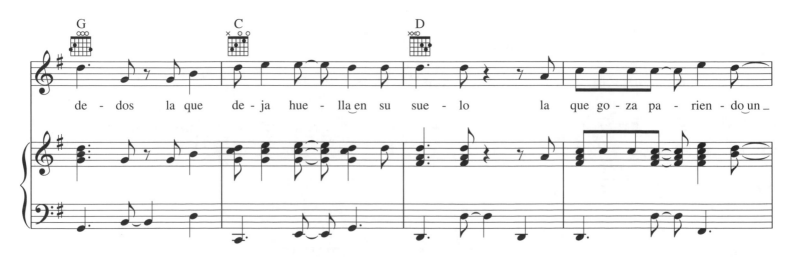

_ sue - ño _ que pe - r - fu - ma las _ ma - dru - ga - das con el a - ro - ma de su

cuer - po y _ me da _ bue - nos días al _ sol en lo ca - lien - te de sus _

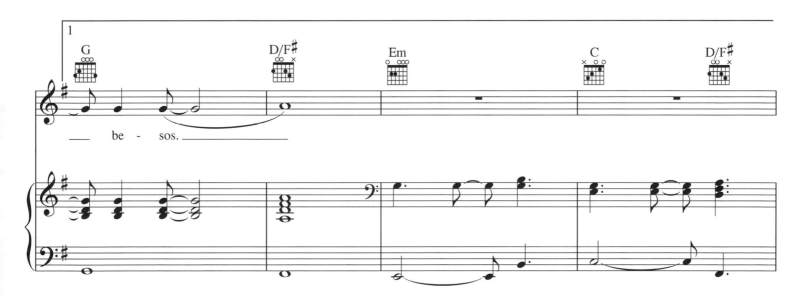

_ be - sos. _

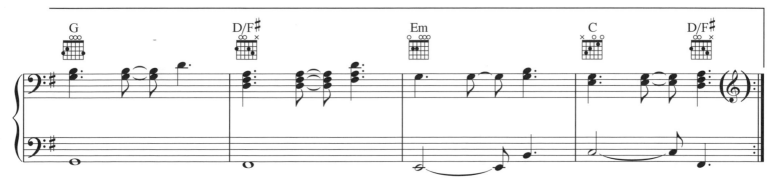

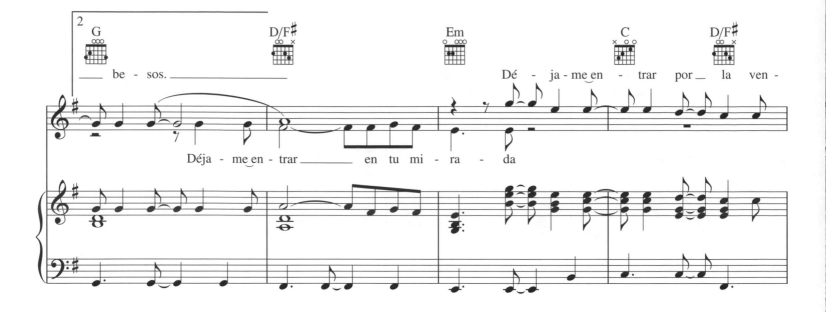

be - sos.

Déja - me en - trar _____ en tu mi - ra - da

Dé - ja - me en - trar por la ven -

ta - na _____

dé - ja - me en - trar en _____ tu mi - ra - da

por la ven - ta - na _____ de tu _____

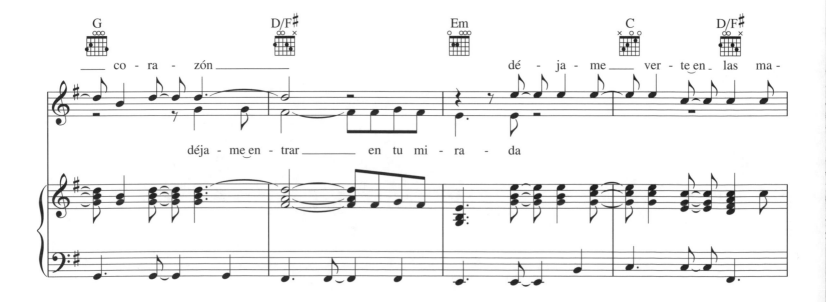

_____ co - ra - zón _____

déja - me en - trar _____ en tu mi - ra - da

dé - ja - me _____ ver - te en las ma -

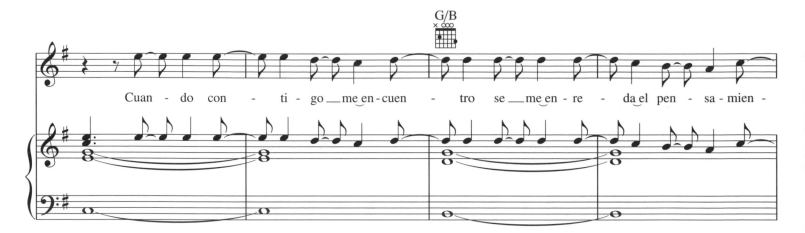

Cuan - do con - ti - go _ me en -cuen - tro se _ me en -re - da el pen - sa - mien -

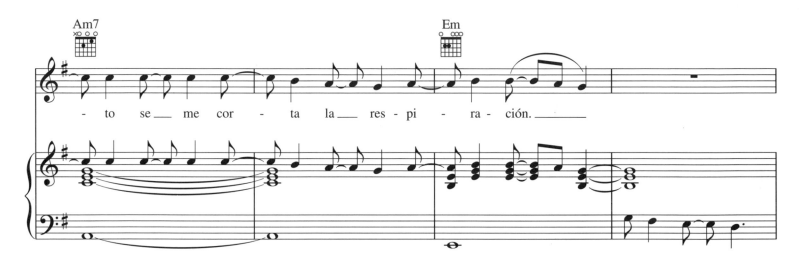

- to se _ me cor - ta la _ res - pi - ra - ción. ___

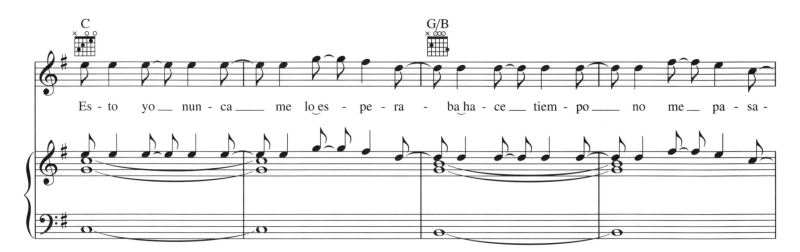

Es - to yo _ nun - ca _ me lo es - pe - ra - ba ha -ce _ tiem - po _ no me _ pa - sa -

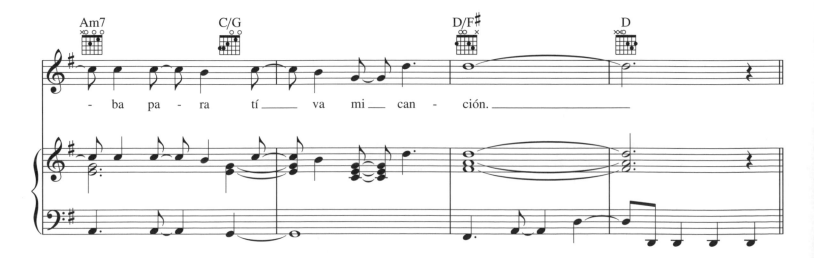

- ba pa - ra tí _ va mi _ can - ción. ___

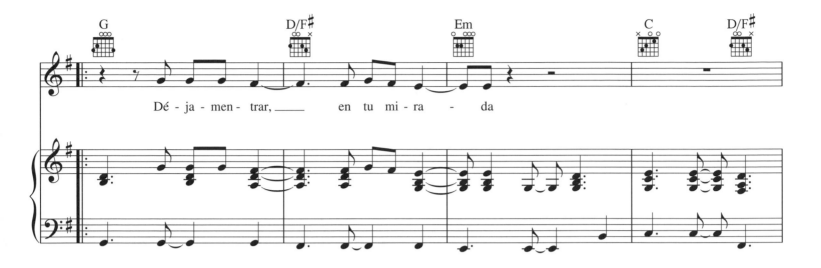

Dé - ja - men - trar, _____ en tu mi - ra - da

Repeat ad lib.

dé - ja - me en - trar _____ en tu _____ mi - ra - da.

CACHUCHA BACANA

Words and Music by
GILBERTO ALEJANDRO DURÁN DÍAZ

Moderado rápido

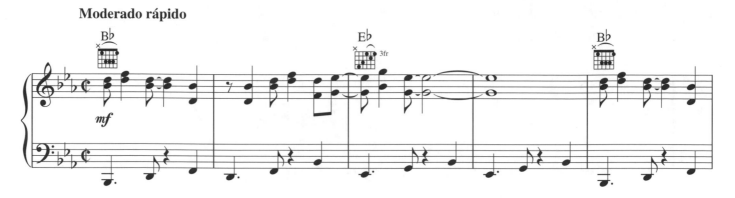

Oi - gan lo que di - ce a - le - jó   con su no - ta pre - pa - ra - da

Con mi no - ta pre - pa - ra - da   yo no sé lo que ___ me pa - sa

Pón - ga - me cui - da - do a - le - jó   pa que no se - pas ___ mo - re - na

si es co - mo el gua - cha - ra - que - ro con su ca - chu - cha _____ ba - ca - na
con su ca - chu - cha _____ ba - ca - na el va - ci - la las _____ mu - cha - chas
aho - ra ve que me _____ re - guel - co con el gua - chu - co en _____ la a - re - na

si es co - mo el gua - cha - ra - que - ro con su ca - chu - cha _____ ba - ca - na.
con su ca - chu - cha _____ ba - ca - na el va - ci - la las _____ mu - cha - chas.
aho - ra ve que me _____ re - guel - co con el gua - chu - co en _____ la a - re - na.

Ay de tí ay _____ de mí _____ ay de tí a - le - jó no.

1,2

Ay de tí ay _____ de mí _____ ay de tí a - le - jó no.

- jó no.

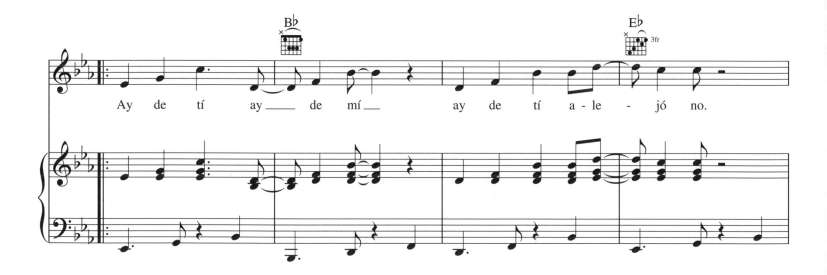

Ay de tí ay ___ de mí ___ ay de tí a - le - jó no.

Ay de tí ay ___ de mí ___ ay de tí a - le - jó no.

CARITO

Words and Music by CARLOS VIVES
and EGIDIO CUADRADO

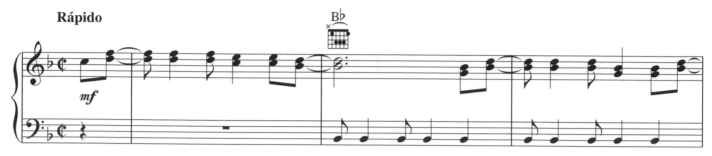

Rápido

Pen - sa - bo yo en e - stos tiem - pos de in com - pren - sio - nes y de - sen - can -
- tos don't be like that ___ now lis - ten to me you will pay at - ten -

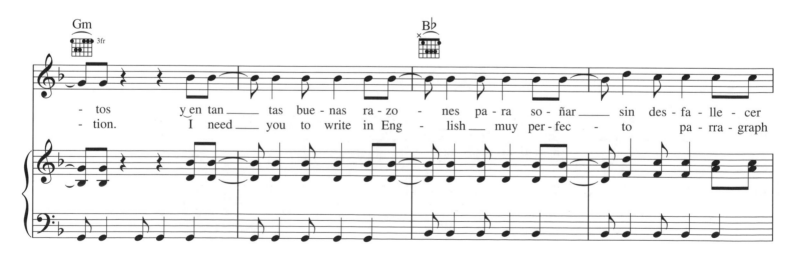

- tos ___ y en tan ___ tas bue - nas ra - zo ___ nes pa - ra so - ñar ___ sin des - fa - lle - cer
- tion. I need ___ you to write in Eng - lish muy per - fec - to pa - rra - graph

F

y pen - sa - ba con nos - tal - gia de la in - o - cen - cia de a - que - llos a -
and tell ___ me where did you learn ___ don - de tu a - pren - der ___ to be tan co - que -

Gm 3fr   **B♭**

- ños de e - sos ___ pri - me - ros a - mo - res que al ___ re - cor - dar ___ vuel - ven a na - cer.
- to re - mem - ber na - da de fut - bol un - til ___ you fin - ish the work you have.

F

Y re - co - rro en mi me - mo - ria a - que - llos tiem - pos de Ca - ri -
Y me ___ da - ba u - na son - ri - sa y yo me que - da - ba lo - qui -

C7

- to e - lla e - ra u - na miss de Bos - ton ___ que - da - ba clas - e en la es -
- to y des - pués en el e - xa - men lo po - ní - a to - do al re -

cue - la le gus - ta - ba el es - pa - ñol _____ y aun - que lo ha - bla - ba po - qui -
vés. _____ Ca - ri - to se fue del va - lle yo la re - cuer - do can - tan -

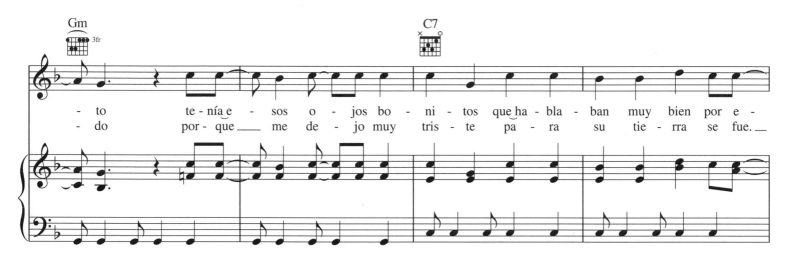

\- to te - ní - a e - sos o - jos bo - ni - tos que ha - bla - ban muy bien por e -
\- do por - que _____ me de - jo muy tris - te pa - ra su tie - rra se fue. _____

\- lla. } _____ Ca - ri - to me ha - bla en in - glés qué bo - ni - to se le ve _____

_____ Ca - ri - to me ha - bla en in - glés que me _____ di - ce yo no sé. _____

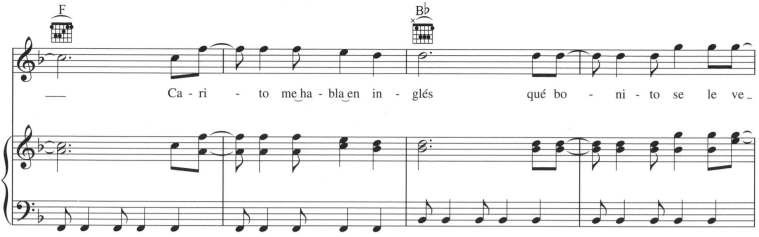

Ca - ri - to me ha-bla en in - glés   qué bo - ni - to se le ve

Ca - ri - to me ha-bla en in - glés   que me___ di - ce yo no sé.

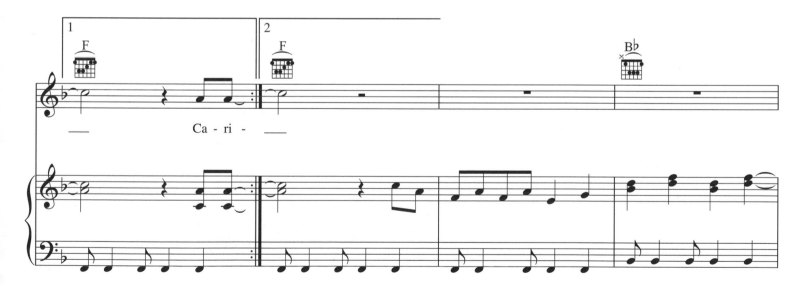

Ca - ri -

Ca - ri - to di - me que sí que no_ _me quie-ro mo-rir Ca - ri - to don't tell me no.___ Qué me_

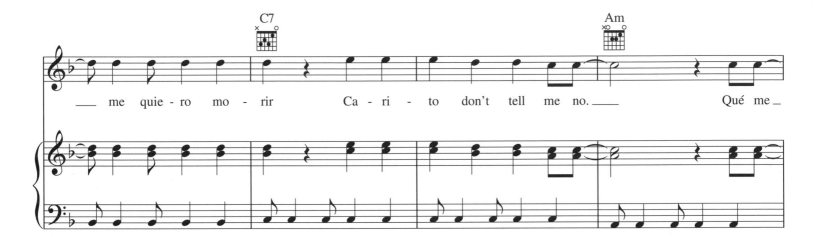

_ me quie-ro mo-rir Ca - ri - to don't tell me no.___ Qué me_

_ mue - ro por tu a - mor.___ Ca - ri - to di - me que ___

Qué im - por - ta la ra - za ___
cre - do ___

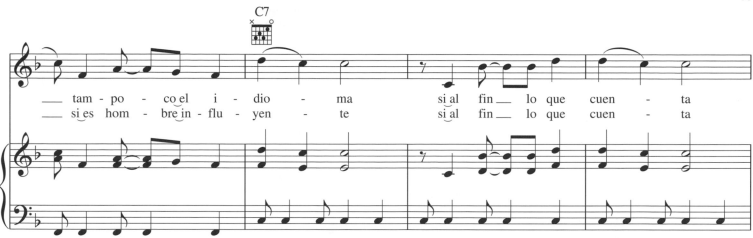

tam - po - co el i - dio - ma si al fin __ lo que cuen - ta
si es hom - bre in - flu - yen - te si al fin __ lo que cuen - ta

lo bue - na per - so - na si es del al - ti - pla - no
la gen - te de - cen - te no im - por - ta si es blan - co __

o de tie - rra ca - lien - te si al fin __ lo que va - le
__ si es po - bre y fa - mo - so si al fin __ lo que va - le

es sea __ bue - na gen - te. Qué im - por - ta su
que can - te sa - bro - so.

CENIZA FRÍA

Words and Music by
JESÚS ABIGAIL MARTÍNEZ

Moderado rápido

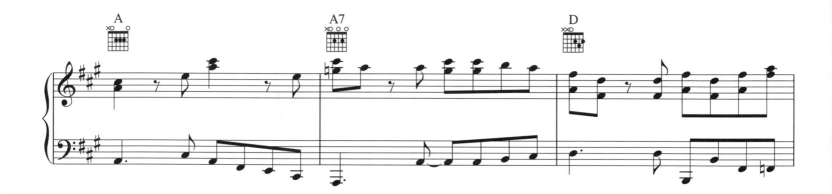

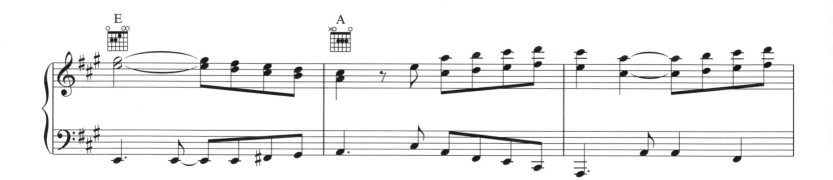

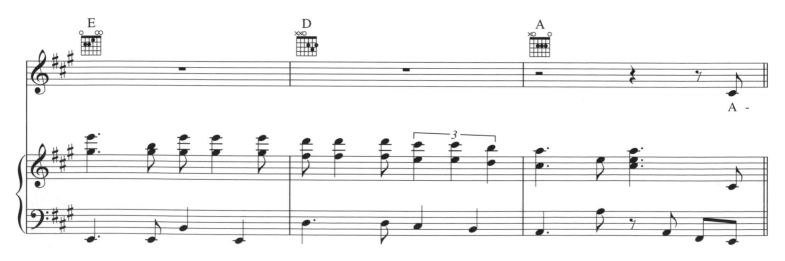

ho - ra que ha-blas nue-va-men-te le-van-ta bien la fren-te yo tam-bién te voy hab -
cuer-do que me a-rra - tras-te con mi nom-bre lim - pi - as su - cio de ter-mi-na -

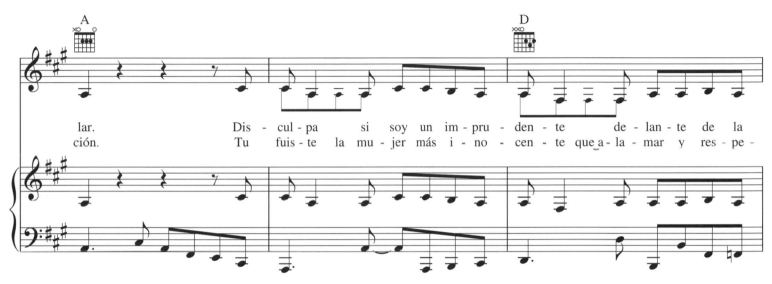

lar. Dis - cul - pa si soy un im-pru-den-te de-lan-te de la
ción. Tu fuis-te la mu-jer más i - no - cen-te que a-la-mar y res-pe -

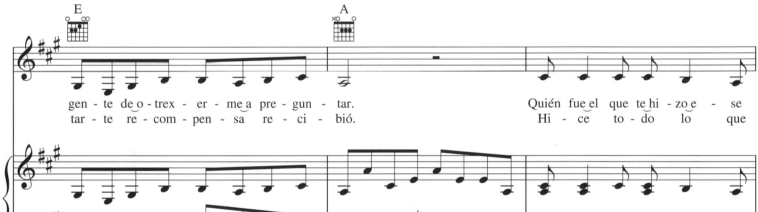

gen - te de o - trex - er - me a pre-gun - tar. Quién fue el que te hi - zo e - se
tar - te re-com-pen-sa re-ci - bió. Hi - ce to-do lo que

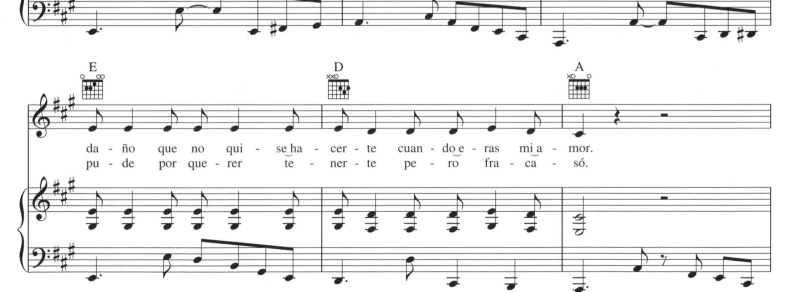

da - ño que no qui-se ha - cer-te cuan-do e-ras mi a - mor.
pu - de por que-rer te - ner-te pe - ro fra-ca - só.

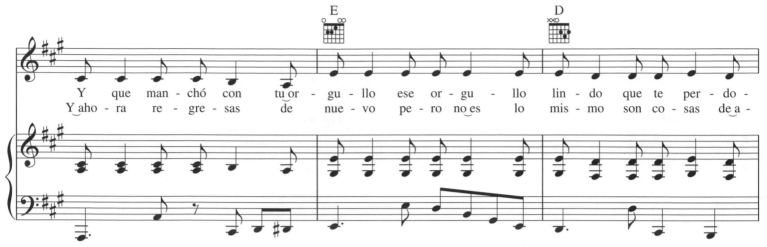

Y que man-chó con tu or-gu-llo ese or-gu-llo lin-do que te per-do-

Y aho-ra re-gre-sas de nue-vo pe-ro no es lo mis-mo son co-sas de a-

no. Y se mar-chó cual co-bar-de que des-tru-ye

yer. No en-tien-do por-que au-no la vi-da le o-fre-ce las

flo-res no sien-te do-lor. Don-de es-tan tris-te de tan-to creer.

co-sas cuan-do ya pa-qué. Y nue-va-men-te lo sien-to mu-

Es la can-ción que se can-ta la hem-bra cual fue-r-a mi

jer. Me des-pre-cias-te es-tan-do yo con-ti-go pre-gun-to el mo-

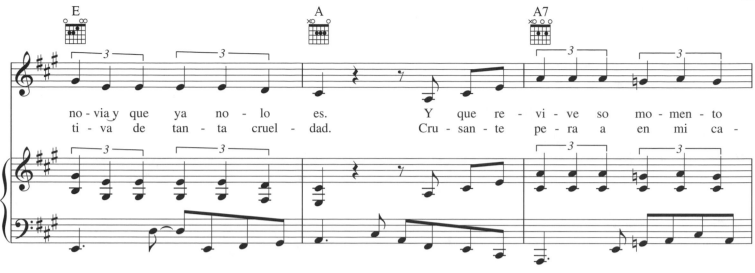

no - via y que ya no - lo es. Y que re - vi - ve so mo - men - to
ti - va de tan - ta cruel - dad. Cru - san - te pe - ra a en mi ca -

tier - nos que aun - que ya pa - sa - ron tie - nen va - li - dez. Di - me por - qué
mi - no y aho - ra es el des - ti - no pá tu dig - ni - dad. O - ye mu - jer

di - me por - qué. Di le que es -
o - ye mu - jer. No es que yo

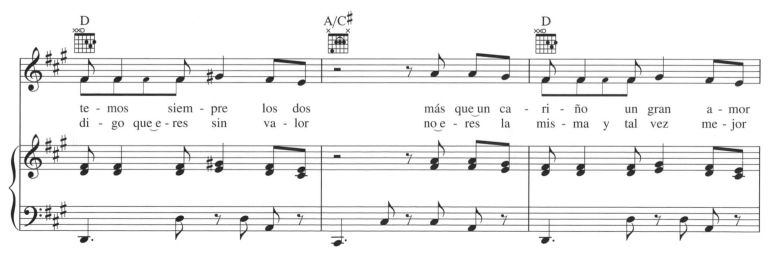

te - mos siem - pre los dos más que un ca - ri - ño un gran a - mor
di - go que e - res sin va - lor no e - res la mis - ma y tal vez me - jor

en - ton - ces por - qué la pe - na   en - ton - ces por -
pe - ro es que ya_____ no yo quie - ro   sin - cer - a - men -

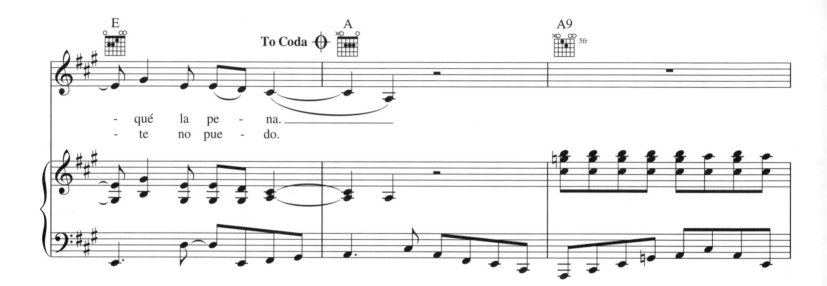

- qué la pe - na. _____
- te no pue - do.

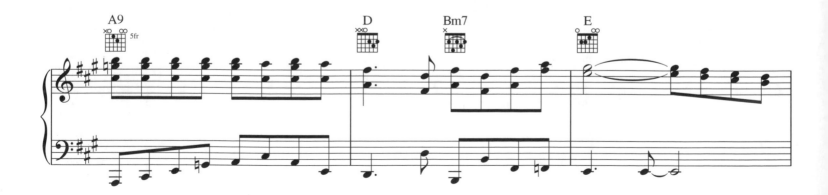

D.S. al Coda

CODA

Re -

El pri - me - ro __

__ fue pri - me - ro   y de se - gun - do no quie - ro

Repeat and Fade

Optional Ending

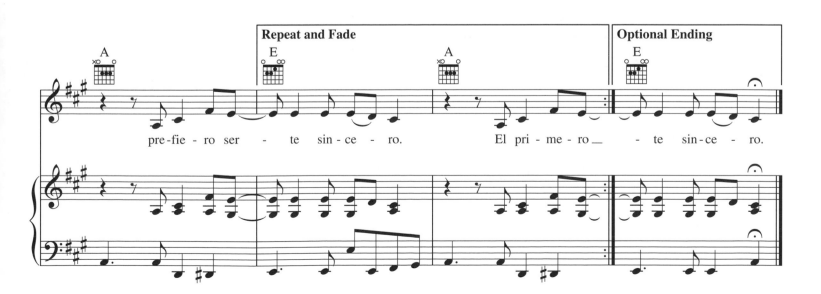

pre - fie - ro ser - te sin - ce - ro.   El pri - me - ro __ - te sin - ce - ro.

CERO TREINTA Y NUEVE

Words and Music by
GILBERTO ALEJANDRO DURÁN DÍAZ

Moderado rápido

Cuan - do yo ve - ni a via - jan - do via - ja -
Ro - si - ta se fue llo - ran - do a mí e -

-ba con mi mo - re - na. Cuan - do yo ve - ni a via - jan -
-sa co - sa me due - le. Ro - si - ta se fue llo - ran -

49

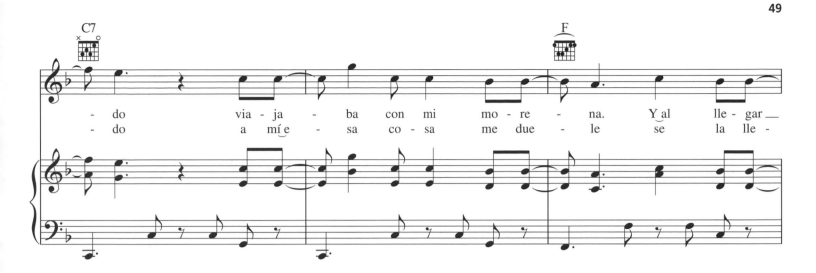

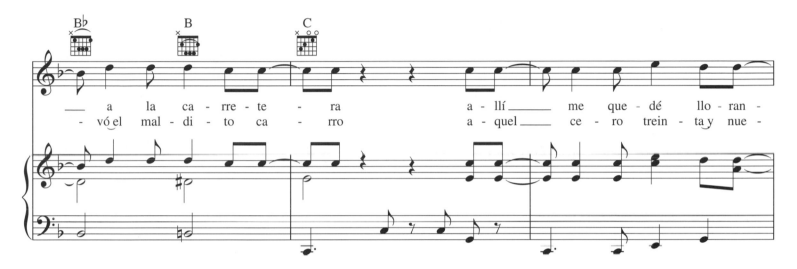

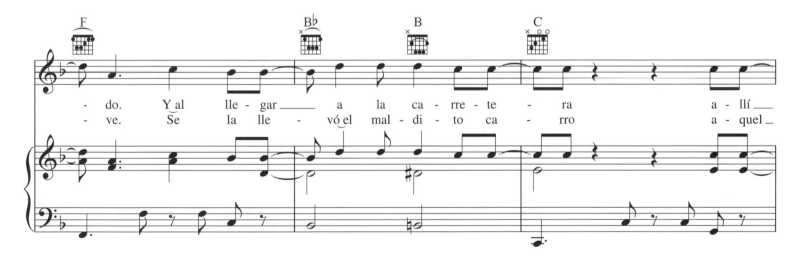

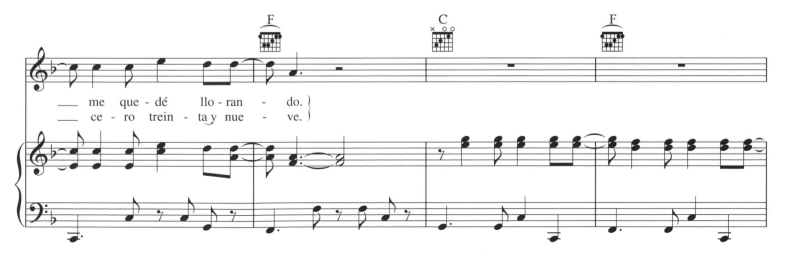

Ay es que me due - le ay es que me due - le ay es que me due -

- le val - ga - me Dios. __ Ce - ro trein - ta y nue - ve ce - ro trein - ta y nue -

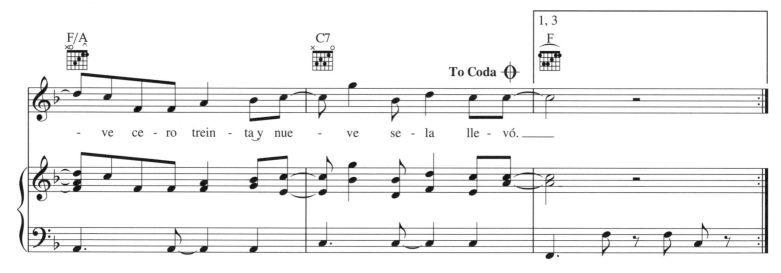

- ve ce - ro trein - ta y nue - ve se - la lle - vó. __

D.S. al Coda
(with repeat)

CODA

Ay es que me due -

-le es que me due -le ay es que me due - le val - ga - me Dios. __

__ Ce - ro trein - ta y nue - ve ce - ro trein - ta y nue - ve ce - ro trein - ta y nue -

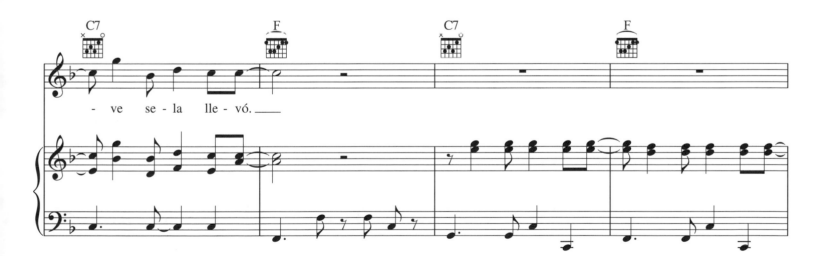

-ve se - la lle - vó. ___

EL SANTO CACHÓN

Words and Music by
ROMUALDO L. BRITO PÉREZ

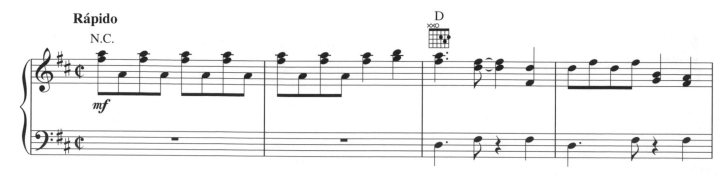

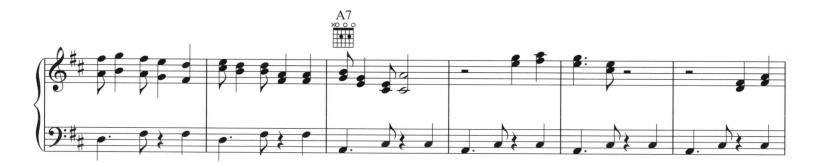

Me di - je - ron que te vie - ron te pi -

lla - ron el o - tro día sa - bro - sian - do con un se - ñor

A7

que no e - ra yo

me con - ta - ron los que te vie - ron

en u - u - na for - ma Dios mío ___ que u - y me - jor no di - go.

No fue u - na ni fue - ron

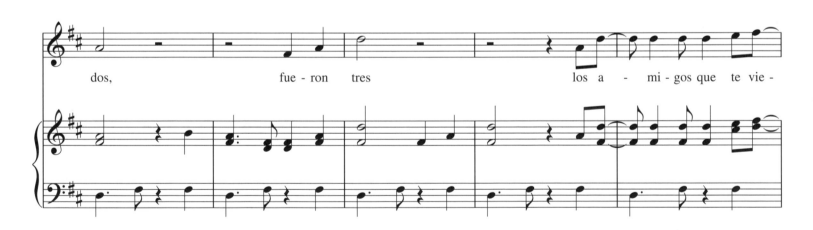

dos, fue - ron tres los a - mi - gos que te vie -

- ron con él mo - lien - do ca - ña,

ay,   mien - tras   yo   muy   so - li -

ta - rio   co - mo el lla - ne - ro   por - que ____ tú a mí me di - jis -

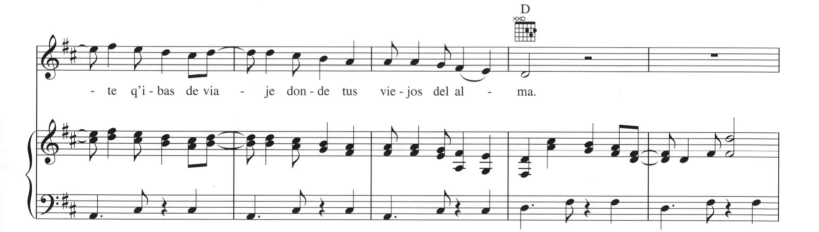

- te q'i - bas de via - je don - de tus vie - jos del al - ma.

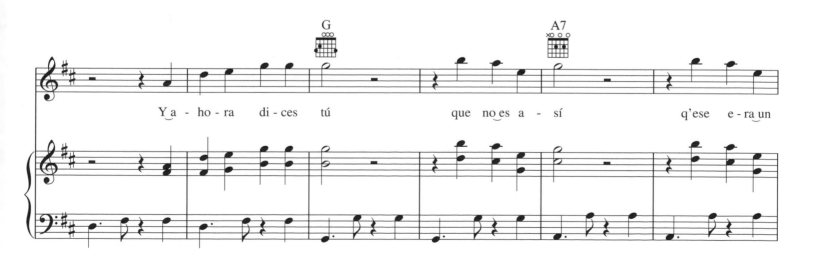

Y a - ho - ra di - ces tú   que no es a - sí   q'ese e - ra un

pri - mo q'es - ta - ba_a - llá

que te_in - vi - tó_a sa - lir____ y te dió pe - na

de - cir que no. Qué te per - do - ne____ yo,____ qué te per-

do - ne co - mo si yo fue - ra_el____ san - to ca - chón____

mi - ra mi ca - ra,____ ve,____ yo soy un hom - bre y no hay q'an -

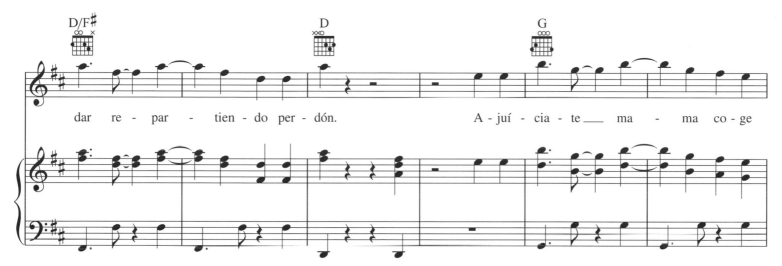

dar re - par - tien - do per - dón. A - juí - cia - te____ ma - ma co - ge

jui - cio bus - ca el jui - cio____ mu - cha - cha a - juí - cia - te. Yo me____

____ iba' ca - sar con - ti - go por po - co me - to la pa - ta y aho -

58

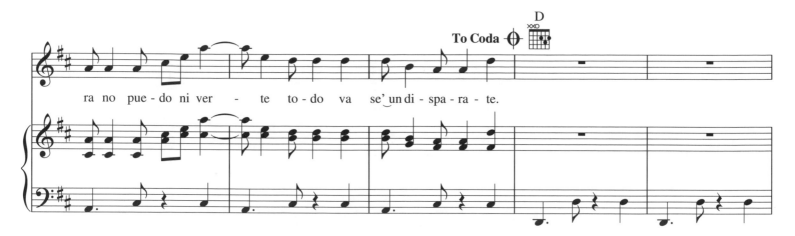

ra no pue-do ni ver - te to-do va se' un di - spa - ra - te.

Tu pri - mi - to

si te quie - re   que t'ex - pri - ma   de mí

__ no po-drás que-jar - te por-que   te di-ver-tis-te tam - bi - én,

Mu - jer si un día te vi, _____ no te co - noz -

- co y sien - do a - sí ya ni me a - cuer -

do co - mo di - cen por a - hí, _____ a o - tro

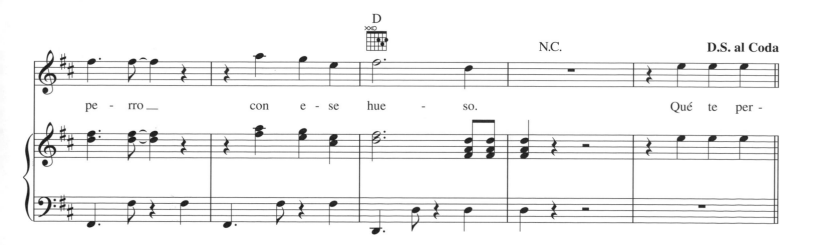

pe - rro _____ con e - se hue - so. Qué te per -

EMBRUJO

Words and Music by
ROMUALDO L. BRITO PÉREZ

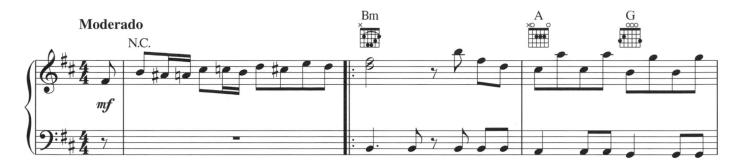

Soy un
E - res

lo - cor de la vi - da y el a - mor
co - mo la mu - jer que yo so - ñé

por - que te quie - ro a tí
que me i - ba ha - cer fe - liz

ha - ce tiem - po que mi no - ble co - ra - zón
Li - be - ra - da o li - ber - ti - na, yo no sé

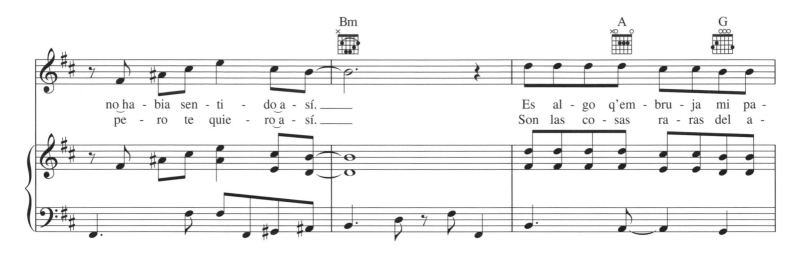

no ha - bia sen - ti - do a - sí. _____
pe - ro te quie - ro a - sí. _____

Es al - go q'em - bru - ja mi pa -
Son las co - sas ra - ras del a -

sión que lle - vo siem - pre den - tro de mí.
mor q'u - no nun - ca pue - de com - pren - der.

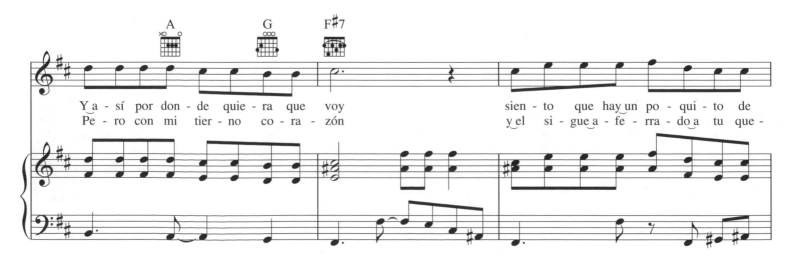

Ya - sí por don - de quie - ra que voy sien - to que hay un po - qui - to de
Pe - ro con mi tier - no co - ra - zón y el si - gue a - fe - rra - do a tu que -

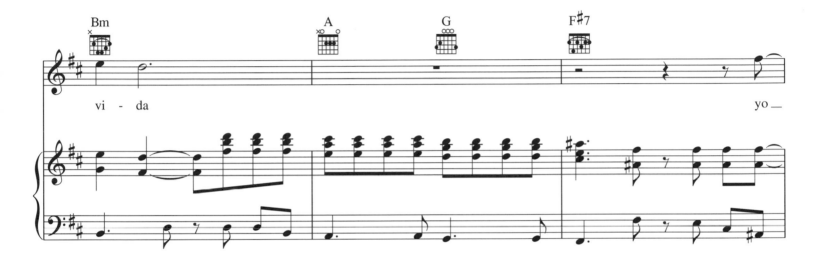

FÁBULA DE AMOR

Words and Music by
WADIS CARRASCO CUMPLIDO

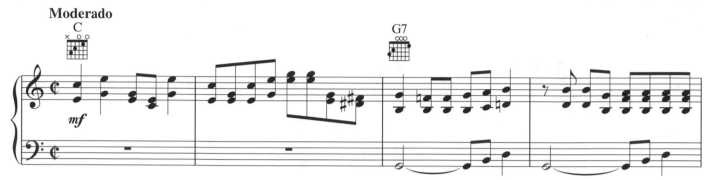

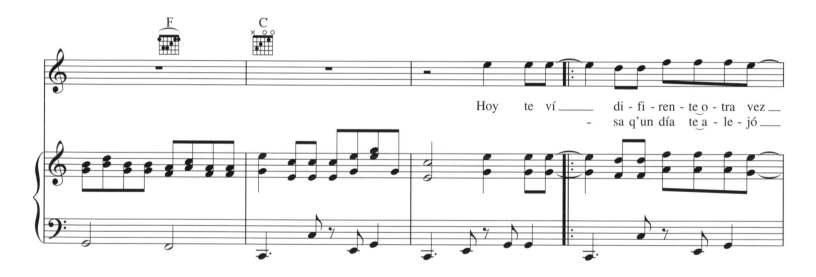

Hoy te ví _____ di - fi - ren - te o - tra vez _____
- sa q'un dí - a te a - le - jó _____

_____ más bo - ni - ta fin - gien - do tu ri - sa con o - tro ar - gu - men -
_____ ig - no - ra - ba que pre - ci - sa - men - te en un pa - ra - je os - cu -

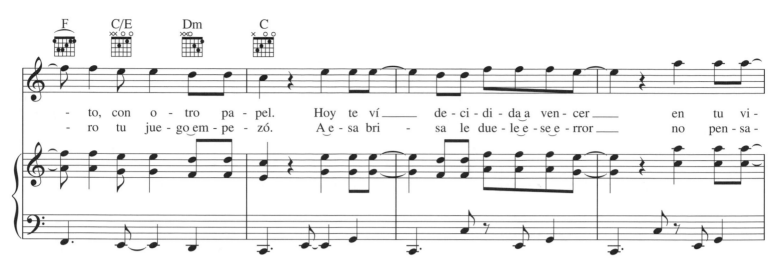

-to, con o - tro pa - pel. Hoy te ví____ de - ci - di - da a ven - cer____ en tu vi-
-ro tu jue - go em - pe - zó. A e - sa bri - sa le due - le e - se e - rror____ no pen - sa-

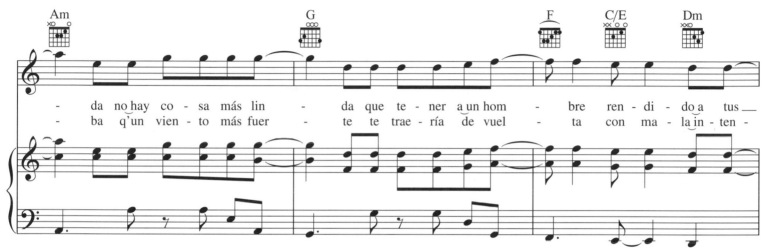

-da no hay co - sa más lin - da que te - ner a un hom - bre ren - di - do a tus____
-ba q'un vien - to más fuer - te te trae - ría de vuel - ta con ma - la in - ten-

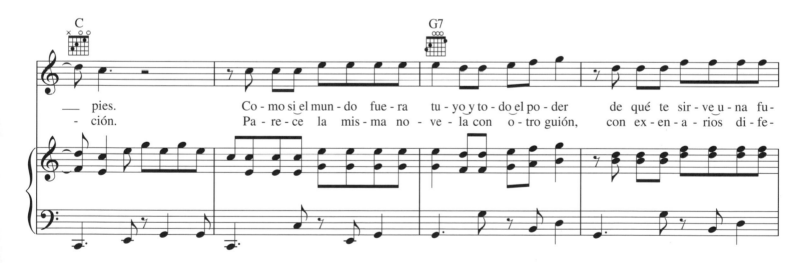

____ pies. Co - mo si el mun - do fue - ra tu - yo y to - do el po - der de qué te sir - ve u - na fu-
-ción. Pa - re - ce la mis - ma no - ve - la con o - tro guión, con ex - en - a - rios di - fe-

gaz a - ven - tu - ra in - fiel a la de - ri - va de tu tiem - po qué vas a ha - cer
-ren - tes y el mis - mo ac - tor, más bien pa - re - ce que no te sir - vió la le - cción

si to-do el mun-do ya con - o - ce que tú e - res cruel. __
cual mo - ra - le - ja d'es-ta fá - bu - la del a - mor. __

En -
A -

tien-do que t'en - a - mo - ras - te, que te i - lu - sio - nas - te y ju - ga - ron con -
dón - de se fue tu ter - nu - ra y a - que - lla dul - zu - ra con to - da la __

- ti - go que guar-das ri - gor en tu al - ma, q'a-que - lla per -
__ gen - te; ya no es na - tu - ral tu son - ri - sa ya no e - res la

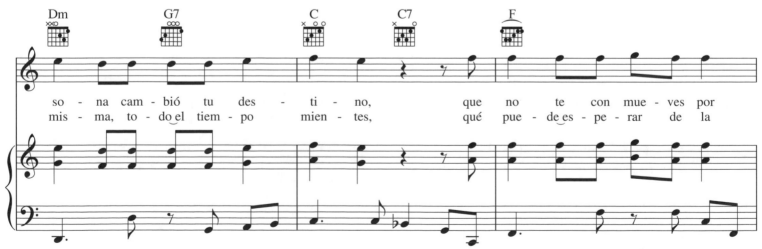

so - na cam - bió tu des - ti - no, que no te con mue - ves por
mis - ma, to - do el tiem - po mien - tes, qué pue - de es - pe - rar de la

na - da, por e - so te en - sa - ñas ha - cien - do lo mis - mo. Co - mo si el mun - do fue - ra
vi - da un al - ma per - di - da que no a - ma ni sien - te. Pa - ra - ce la mis - ma no -

tu - yo y to - do el po - der de qué te sir - ve u - na fu - gaz a - ven - tu - ra in - fiel
ve - la con o - tro guión, con ex - en - a - rios di - fe - ren - tes y el mis - mo ac - tor,

a la de - ri - va de tu tiem - po qué vas a ha - cer si to - do el mun - do ya con -
mas bien pa - re - ce que no te sir - vió la le - cción cual mo - ra - le - ja d'es - ta

o - ce que tú e - res cruel.
fá - bu - la del a - mor.

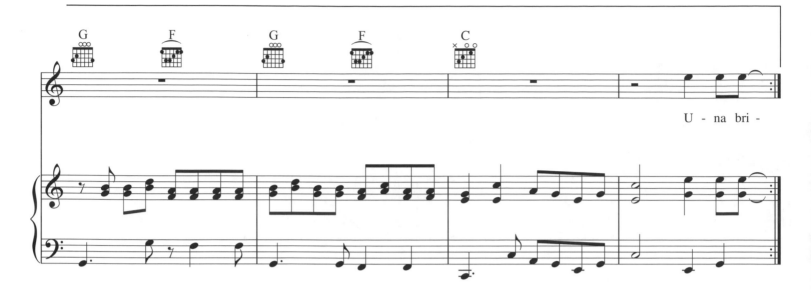

U - na bri -

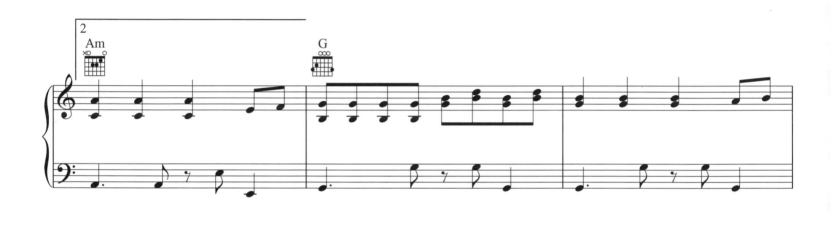

FESTIVAL EN GUARARÉ

Words and Music by
DANIEL DORINDO CÁRDENAS

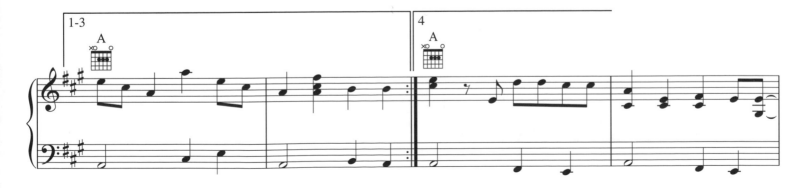

Va - mos mi a - mor - ci - to que te lle - va -

ré al dé - ci - mo quin - to fes - ti - val en Gua - ra - ré. Va - mos mi a - mor -

ci - to que te lle - va - ré al dé - ci - mo quin - to fes - ti - val en Gua - ra -

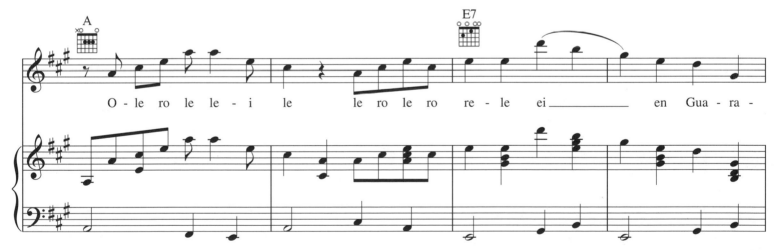

En Gua - ra - ré dé - ci - mo quin - to fes - ti - val en Gua - ra -

En Gua - ra - ré dé - ci - mo quin - to fes - ti - val en Gua - ra -

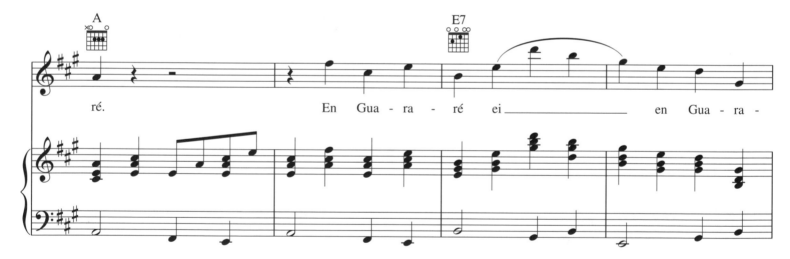

En Gua - ra - ré ei _____ en Gua - ra -

ré ei _____ en Gua - ra - ré ei _____ en Gua - ra -

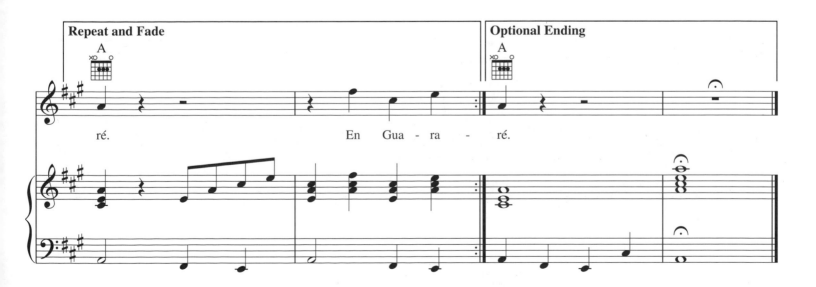

FIDELINA

Words and Music by
GILBERTO ALEJANDRO DURÁN DÍAZ

Moderado

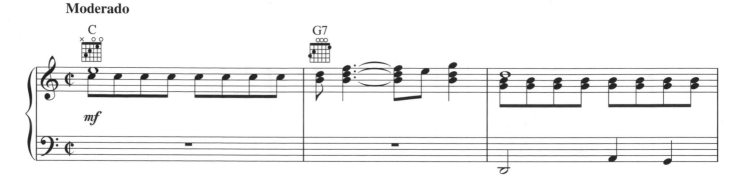

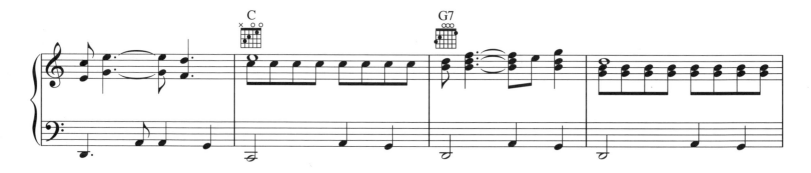

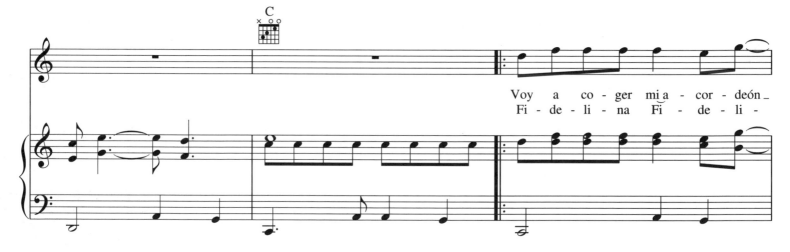

Voy a co - ger mi a - cor - deón ___
Fi - de - li - na Fi - de - li -

___ na   pal que es - cu - ches mi ru - ti - na.
     e - lla me man - de a de - cir. _____

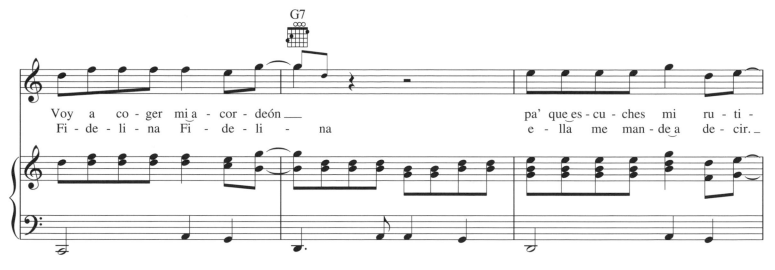

Voy a co-ger mi a-cor-deón __ pa' que es-cu-ches mi ru-ti-
Fi-de-li-na Fi-de-li-na e-lla me man-de a de-cir. __

-na.

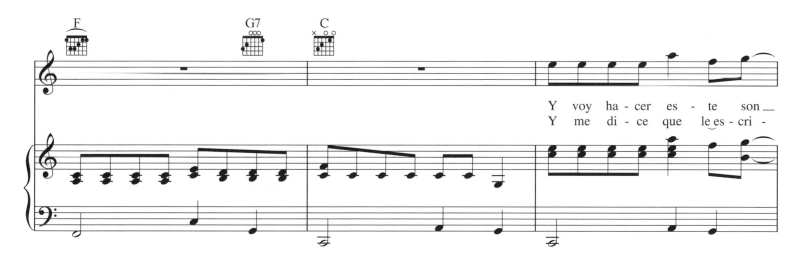

Y voy ha-cer es-te son __
Y me di-ce que le es-cri-

__ ay ay ay ay es pa' que tu te di-vier-tas fi-de-li-na.
-ba ay ay ay por-que no sa-be de mí __ ay ay ay ay.

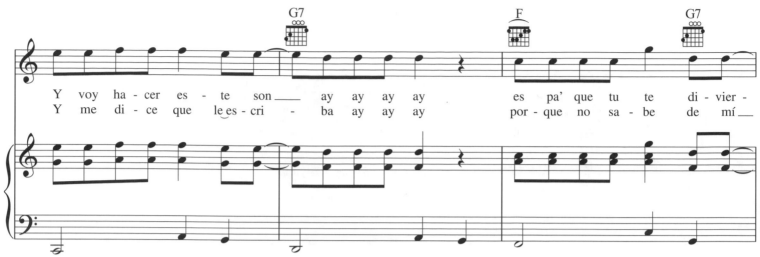

Y voy ha - cer es - te son ___ ay ay ay ay es pa' que tu te di - vier -
Y me di - ce que le es - cri - ba ay ay ay por - que no sa - be de mí ___

- tas fi - de - li - na.
___ ay ay ay ay.

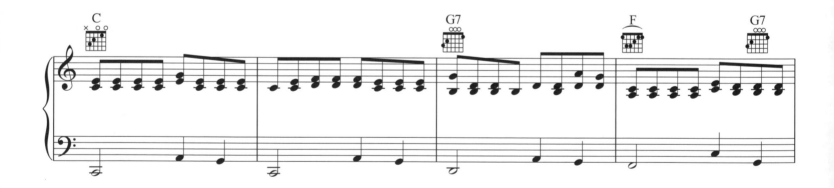

LA CUSTODIA DE BADILLO

Words and Music by
RAFAEL C. ESCALONA MARTÍNEZ

Pa-

re - ce que_el pue - blo Ba - di - llo se_ha pues - to de ma - las de
Aun - que di - gan que_es ca - lum - nia del pue - blo'e Ba - di - llo

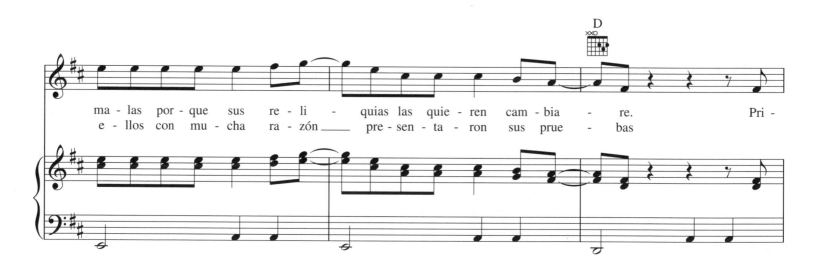

ma - las por - que sus re - li - quias las quie - ren cam - bia - re. Pri -
e - llos con mu - cha ra - zón_____ pre - sen - ta - ron sus prue - bas

me - ro fue con San An - to - nio_hi - zo En - ri - que Ma - ya
no tie - ne_el mis - mo ta - ma - ño ni pe - sa lo mis - mo

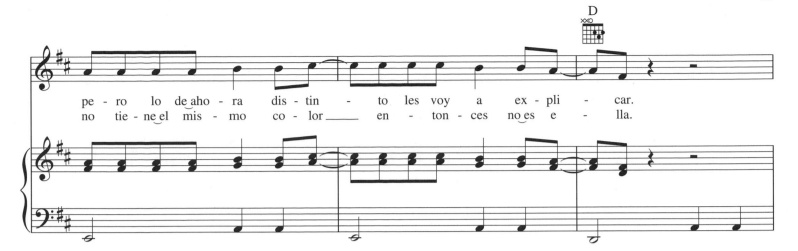

pe - ro lo de aho - ra dis - tin - to les voy a ex - pli - car.
no tie - ne el mis - mo co - lor___ en - ton - ces no es e - lla.

En la ca - sa de Gre - go - rio, muy se - gu - ra es - ta - ba
Pa - ra - ce que el in - spec - tor___ co - mo que tu - vo mie - do

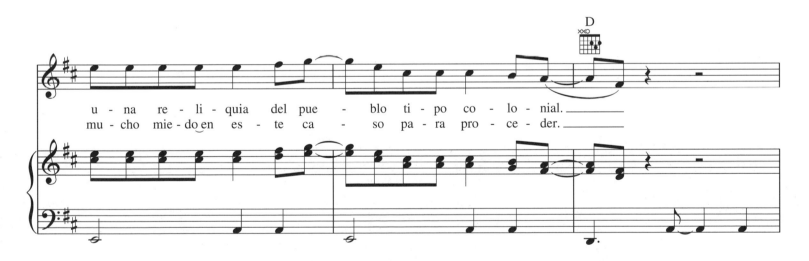

u - na re - li - quia del pue - blo ti - po co - lo - nial.___
mu - cho mie - do en es - te ca - so pa - ra pro - ce - der.___

E - ra ma cus - to - dia lin - da muy gran - de y pe - sa - da
Por - que to - da - viá no ha di - cho quién es el ra - te - ro

y aho - ra por o - tra li - via - na la quie - ren cam - bi - ar. Se la lle - va -
aun - que to - do el mun - do sa - be qui - én pu - do ser. _____ Se - gu - ra - men -

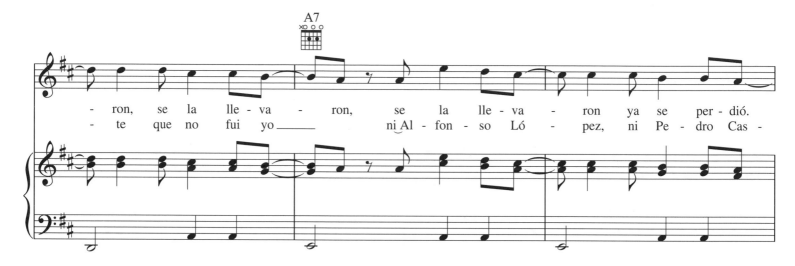

- ron, se la lle - va - ron, se la lle - va - ron ya se per - dió.
- te que no fui yo _____ ni Al - fon - so Ló - pez, ni Pe - dro Cas -

Se la lle - va - ron, se la lle - va - ron, se la lle - va -
- tro. Se - gu - ra - men - te que no fui yo _____ ni Al - fon - so Ló -

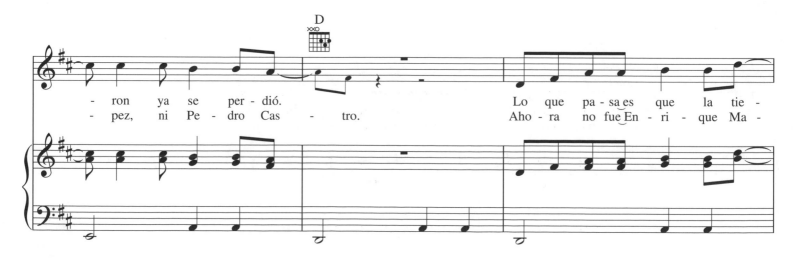

- ron ya se per - dió. Lo que pa - sa es que la tie -
- pez, ni Pe - dro Cas - tro. Aho - ra no fue En - ri - que Ma -

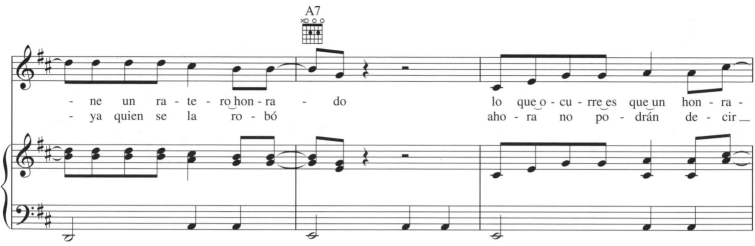

ne un ra-te-ro hon-ra - do / lo que o-cu-rre es que un hon-ra-
-ya quien se la ro - bó / aho-ra no po-drán de-cir

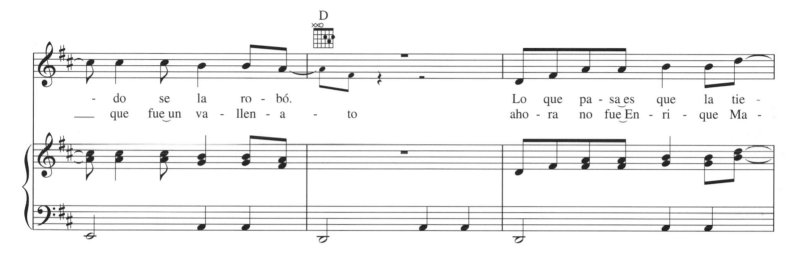

-do se la ro - bó. / Lo que pa-sa es que la tie
__ que fue un va - llen-a - to / aho-ra no fue En-ri-que Ma-

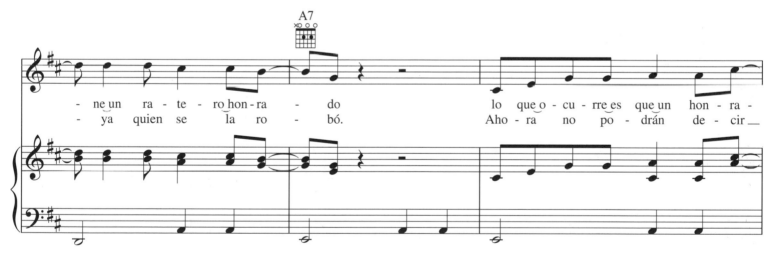

ne un ra-te-ro hon-ra - do / lo que o-cu-rre es que un hon-ra-
-ya quien se la ro - bó. / Aho-ra no po-drán de-cir

1.
-do se la ro - bó.

2.
__ que fue un va - llen-a-

Mi com - pa - dre Co - lás Gue - rra cuan - do ten - ga fies -

- ta oi de - be a - brir bien los o - jos pa - ra vi - gi - lar._

con u - na cua - ren - ta cin - co en la puer - ta e la i - gle -

- sia to - do el que ten - ga so - ta - na no lo de - je en - trar._

Y al ter - mi - nar la mi - sa qué se pon - gan del cu - ra pa' ba -

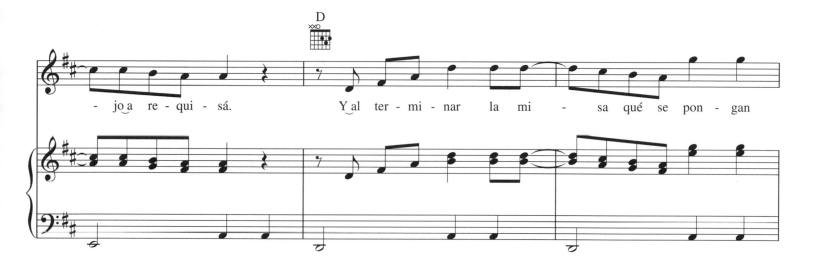

- jo a re - qui - sá. Y al ter - mi - nar la mi - sa qué se pon - gan

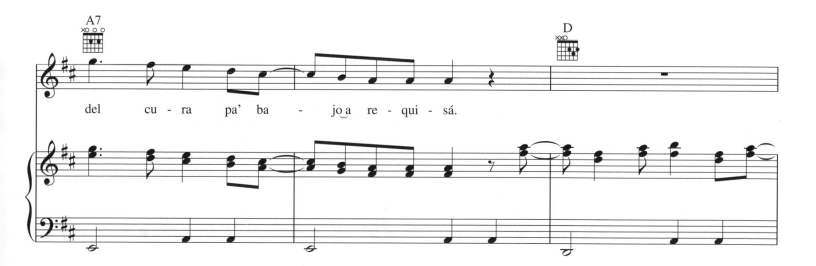

del cu - ra pa' ba - jo a re - qui - sá.

FRUTA FRESCA

Words and Music by
CARLOS VIVES

Rápido

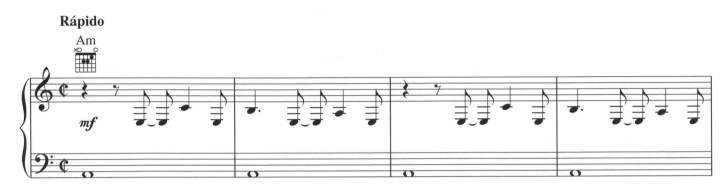

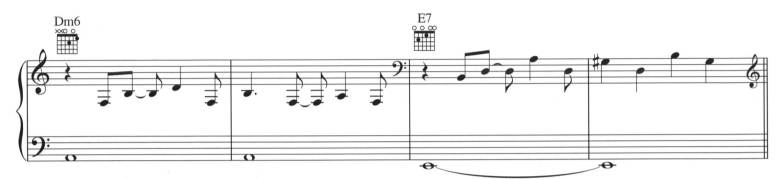

E - se___ be - so___ tu bo - ca que me sa - be a fru - ta fres -

- ca que se es - ca - pó___ tus la - bios y se___ me - tió en___ mi ca -

be - za. E - se___ be - so___ con que sue - ño cuan - do las pe - nas me a-

ce - chan que me___ lle - va a al___ mis - mo cie - lo y a la___ tie - rra me re-

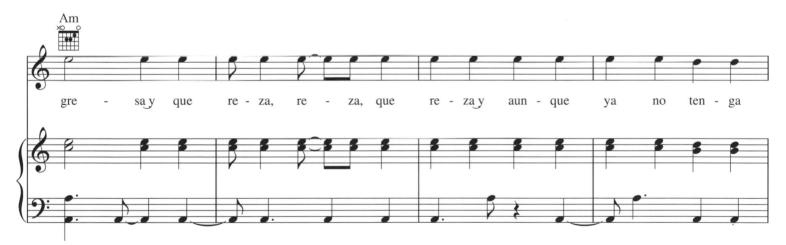

gre - sa y que re - za, re - za, que re - za y aun - que ya no ten - ga

cu - ra el re - cuer - do de sus be - sos me lle - ve ha - sta la lo - cu-

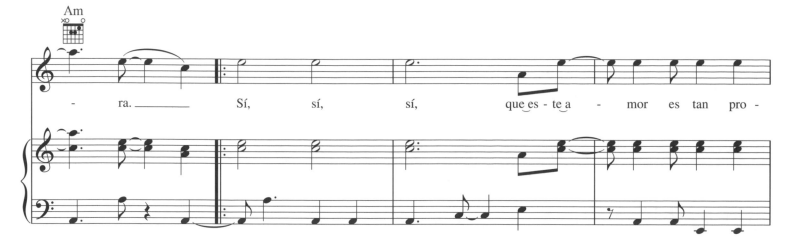

- ra. _____ Sí, sí, sí, que es - te a - mor es tan pro -

fun - do, que tú e - res mi con - sen - ti - da y qué lo se - pa to - do el

mun - do. mun - do. Que tu e - res mi con - sen - ti - da la ni -

ñi - ta de mis o - jos, la que _____ me en dul - za la vi - da, la que

cal - ma mis e - no - jos. La que___ se po - ne más lin - da cuan - do

la lle - vo a una fies - ta, e - sa___ que siem - pre en mi ca - ma con los___

___ án - ge - les se a - cues - ta.___ Sí, sí, sí, que es - te a -

- mor es tan pro - fun - do, que tú e - res mi con - sen - ti - da y qué lo

se - pa to - do el mun - do. Sí, sí, sí, que es - te a -

- mor es tan pro - fun - do, que tú e - res mi con - sen - ti - da y qué lo

se - pa to - do el mun - do. ___

To Coda

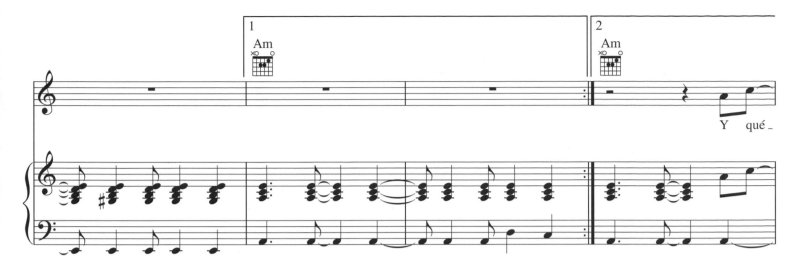

di - gan en la ra - dio que yo___ te quie - ro de ve - ras, qué lo___

di - gan en los dia - rios y des - pués de la no - ve - la.___ Y en un___

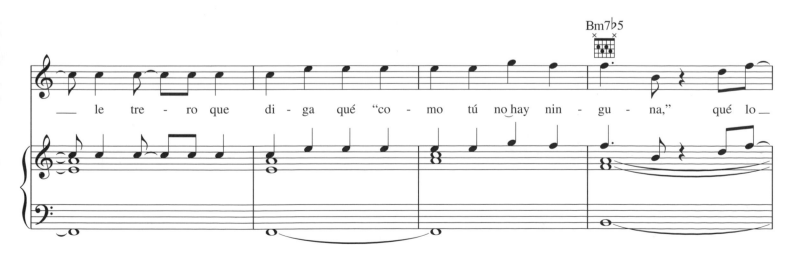

le tre - ro que di - ga qué "co - mo tú no hay nin - gu - na," qué lo___

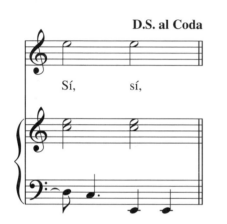

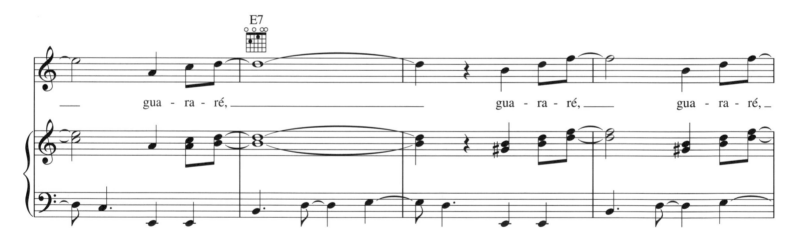

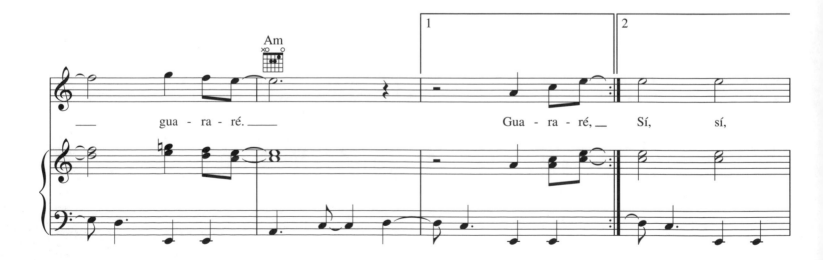

sí,　　　que es-te a - mor es tan pro - fun - do,　que tú e - res mi con - sen -

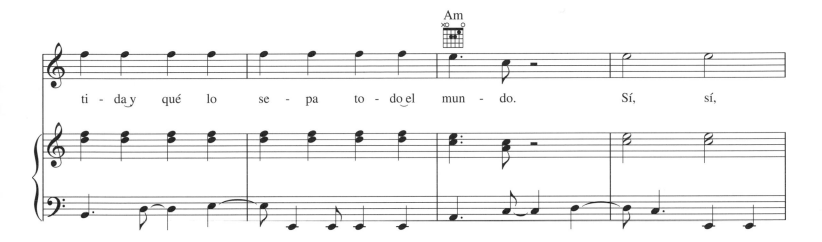

ti - da y qué lo se - pa to - do el mun - do.　Sí,　　sí,

sí,　　　que es-te a - mor es tan pro - fun - do,　que tú e - res mi con - sen -

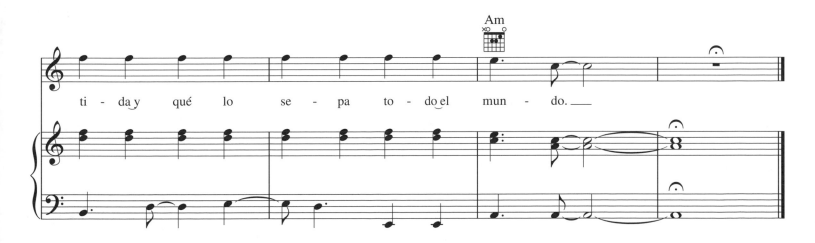

ti - da y qué lo se - pa to - do el mun - do. ___

HONDA HERIDA

Words and Music by
RAFAEL C. ESCALONA MARTÍNEZ

Que yo ten-go u-na he-ri-da muy hon-da que me due - le _____ que yo

ten - go u - una he - ri - da muy gran - de que me ma - ta. _____ Que yo ten - go u - na he - ri - da muy

hon - da que me due - le. _____ Que yo ten - go u - na he - ri - da muy gran - de que me ma -

- ta. Un hom - bre a - sí me - jor se mue - re ay, pa - ra ver si al fin des - can - sa. Un hom - bre a -

sí me - jor se mue - re ay, pa - ra ver si al fin des - can - sa. _____

Yo me pu - se a es - cri - bir u - na car - ta pa - ra tí _____ la rom -

pí por - que no i - ba a te - ner con - tes - ta - ción. ___ Me que - da el re cuer - do de tu a - mor que ha si - do el más

gran - de pa - ra mí. Me que - da el re - cuer - do de tu a - mor que ha si - do el más gran - de pa - ra mí.

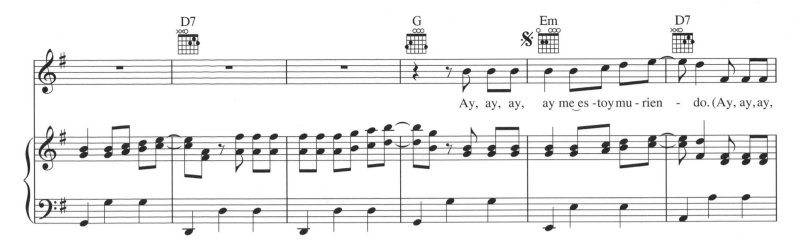

Ay, ay, ay, ay me_es-toy mu-rien - do. (Ay, ay, ay,

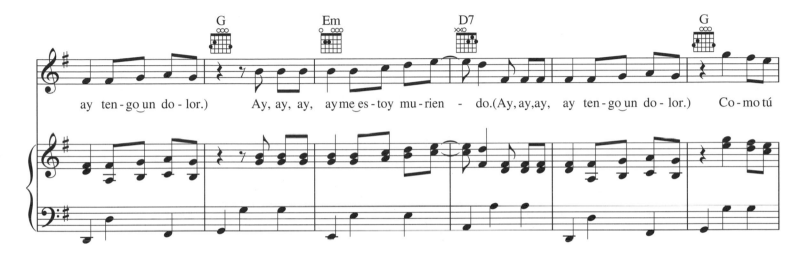

ay ten-go_un do - lor.) Ay, ay, ay, ay me_es-toy mu-rien - do.(Ay, ay, ay, ay ten-go_un do - lor.) Co-mo tú

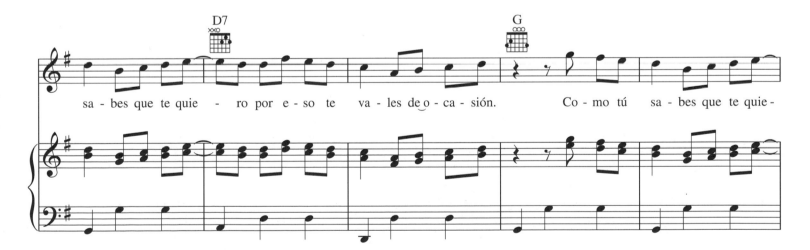

sa - bes que te quie - ro por e - so te va - les de_o - ca - sión. Co - mo tú sa - bes que te quie -

- ro por e - so te va - les de_o - ca - sión. _____ So - la -

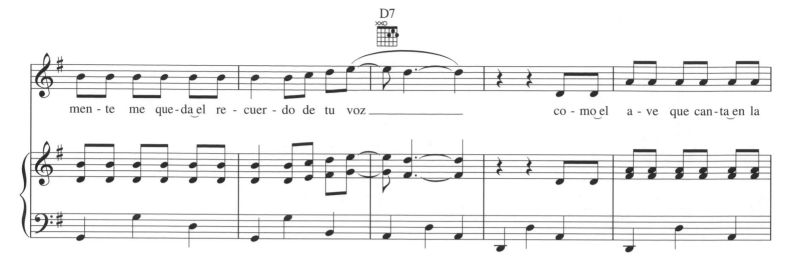

men - te me que-da_el re - cuer - do de tu voz _____ co - mo_el a - ve que can-ta_en la

sel - va_y no se ve. _____ So - la men - te me que - da_el re - cuer - do de tu voz _____

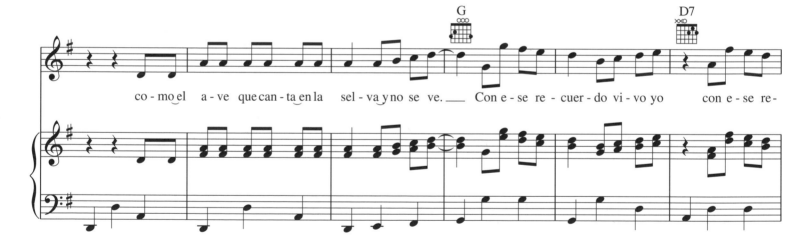

co - mo_el a - ve que can-ta_en la sel - va_y no se ve. _____ Con e - se re - cuer - do vi - vo yo con e - se re -

cuer - do mo - ri - ré. Con e - se re - cuer - do vi - vo yo con e - se re - cuer - do mo - ri - ré. Con e - se re -

cuer - do vi - vo yo   con e - se re - cuer - do mo - ri - ré. ____

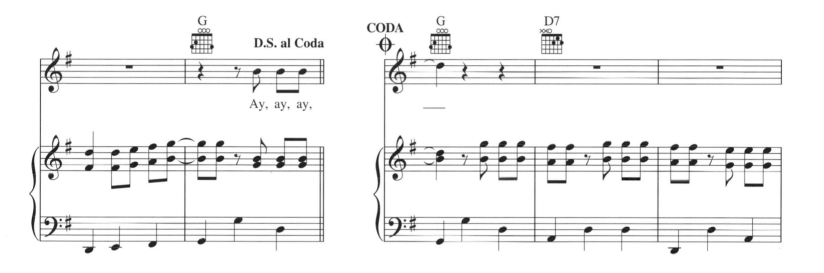

D.S. al Coda

Ay, ay, ay,

CODA

LA PATILLALERA

Words and Music by
RAFAEL C. ESCALONA MARTÍNEZ

U - na se - ño - ra pa - ti - lla - le - ra   muy e - le - gan - te ves - tí - a de ne -
fió en el Doc - tor Mo - li - na   Do - ña Jua - na A - rias sien - to de - cir -

- gro for - mó en el va - lle u - na gri - te - rí - a   por - que la nie - ta que más que - rí -
- le que en es - te ca - so ha per - di - do to - do   por - que e - se no a - flo - ja su chin - cho -

- a la Pe - chi - cho - na la con - sen - tí - a un due - ño'e ca - rro car - gó con e -
- rro ni si le dan to - dos los te - so - ros ni si le dan ___ to - do lo que bri -

- lla. E - lla gri - ta - ba yo crié a mi nie - ta con bue - na ro - pa con buen cal - za -
- lla. Es e - mi - nen - te y ca - pa - ci - ta - do fu - ma ta - ba - co y ha - bla de to -

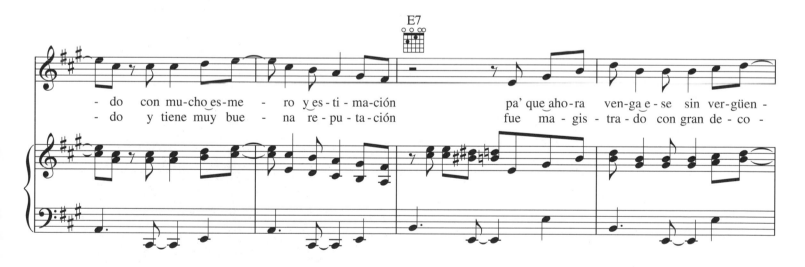

- do con mu - cho es - me - ro y es - ti - ma - ción pa' que aho - ra ven - ga e - se sin ver - güen -
- do y tie - ne muy bue - na re - pu - ta - ción fue ma - gis - tra - do con gran de - co -

- za na - riz pa - ra - da pa - ti - lla - le - ro, a en - tu - sia - mar - la con so ca - mión.
- ro por e - so no cam - bia su chin - cho - rro ni por la si - lla del go - ber - na - dor.

Tran-qui-lí - za-te Jua-na A - rias!   De - ja los mu - cha - chos quie - tos
Tran-qui-lí - za-te Jua-na A - rias!   Dé - ja - te de tan - ta bu - lla

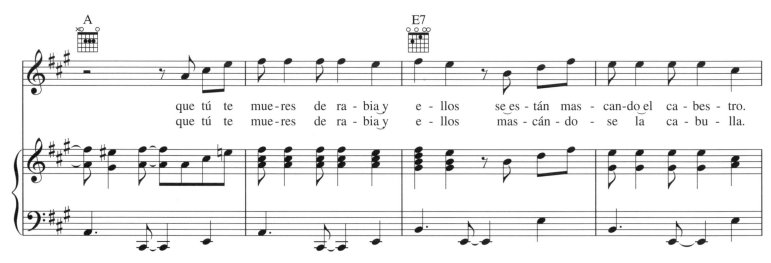

que tú te mue-res de ra - bia y e - llos se_es - tán mas - can-do_el ca - bes - tro.
que tú te mue-res de ra - bia y e - llos mas - cán - do - se la ca - bu - lla.

To Coda ⊕

Que tú te mue-res de ra - bia y e - llos se_es - tán mas - can-do_el ca - bes - tro.
Que tú te mue-res de ra - bia y e - llos mas - cán - do - se la ca - bu - lla.

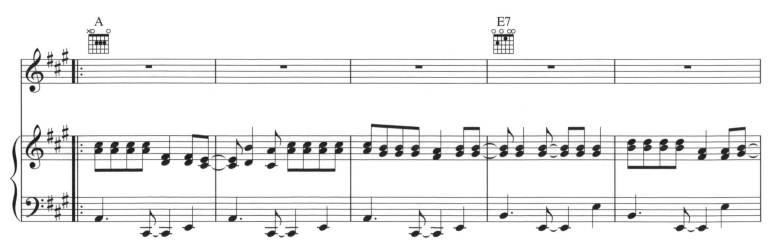

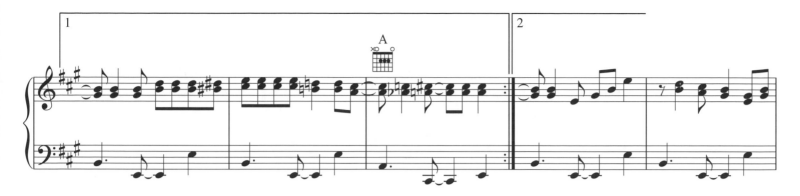

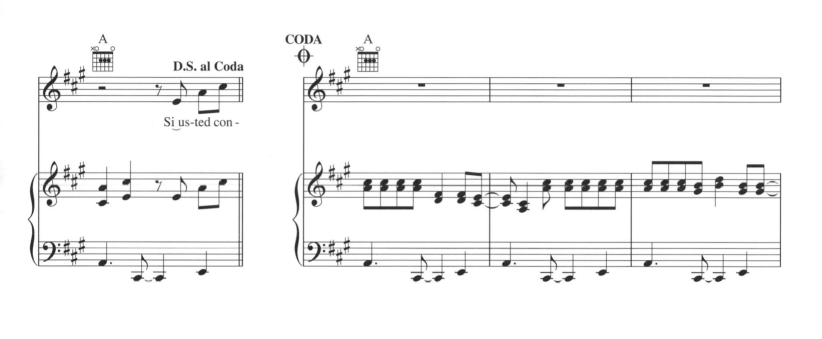

Si us-ted con -

Do - ña Jua - na A-rias que ton - te - rí - a ha co - me - ti-do un e - rror muy gran -

- de en lo que de ha pues - to con Luis Ma - nuel. Us - ted pen - dien - te la po - li - cí -

- a y e - llos fe - li - ces quien sa - be dón - de esta - rán go - zan - do su lu - na e miel.

El Doc - tor Mo - li - na de na - da le sir - ve ni - ña Jua - na A - rias yo soy su a - mi -

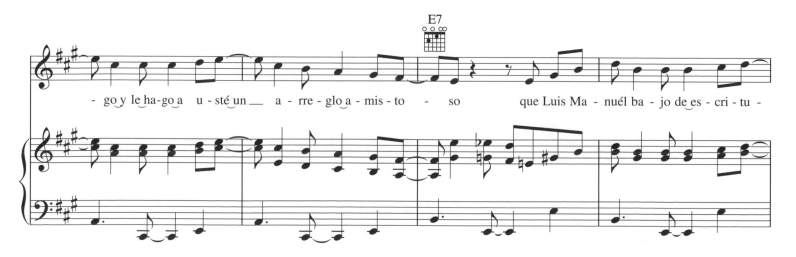

- go y le ha - go a u - sté un___ a - rre - glo a - mis - to - so que Luis Ma - nuél ba - jo de es - cri - tu -

-ra le dé su ca-sa un po-cón de chis - mes y a criar bi-ñie - tos que es muy sa-bro-

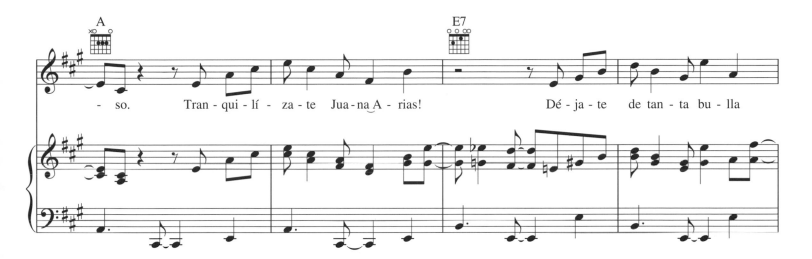

A

E7

-so. Tran-qui-lí - za-te Jua-na A - rias! Dé - ja-te de tan-ta bu-lla

A

E7

A

que tú te mue-res de ra-bia y e-llos mas-cán-do-se la ca-bu-lla. Que tú te

E7

A

mue-res de ra-bia y e-llos mas-cán-do-se la ca-bu-lla.

LA PAVA CONGONA

Words and Music by
ANDRÉS GUERRA LANDERO

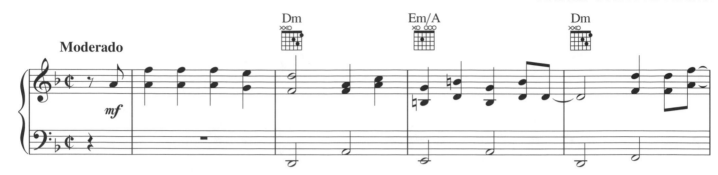

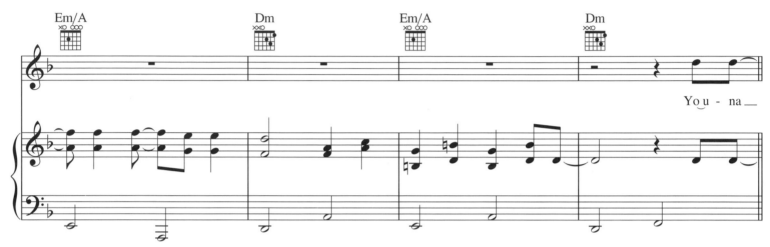

Yo u - na__

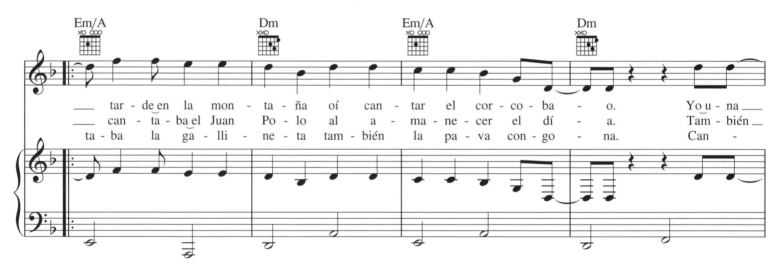

tar - de en la mon - ta - ña oí can - tar el cor - co - ba - o. Yo u - na__
can - ta - ba el Juan Po - lo al a - ma - ne - cer el dí - a. Tam - bién__
ta - ba la ga - lli - ne - ta tam - bién la pa - va con - go - na. Can -

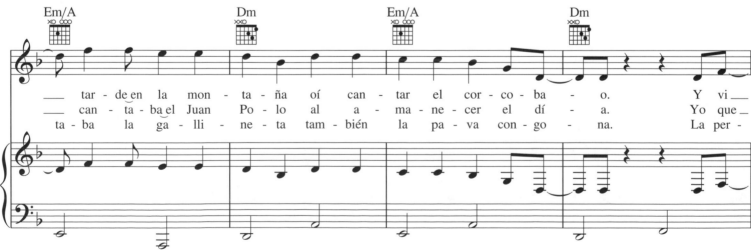

tar - de en la mon - ta - ña oí can - tar el cor - co - ba - o. Y vi__
can - ta - ba el Juan Po - lo al a - ma - ne - cer el dí - a. Yo que__
ta - ba la ga - lli - ne - ta tam - bién la pa - va con - go - na. La per -

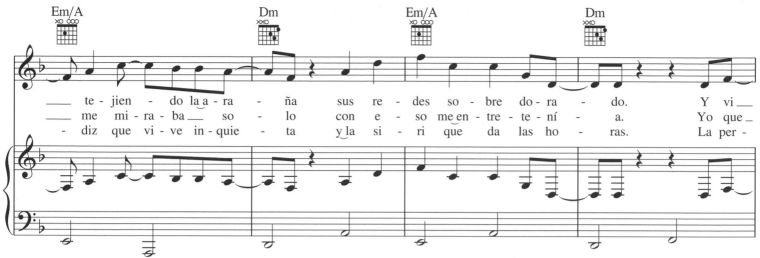

te - jien - do la a - ra - ña sus re - des so - bre do - ra - do. Y vi __
me mi - ra - ba __ so - lo con e - so me en - tre - te - ní - a. Yo que __
-diz que vi - ve in - quie - ta y la si - ri que da las ho - ras. La per -

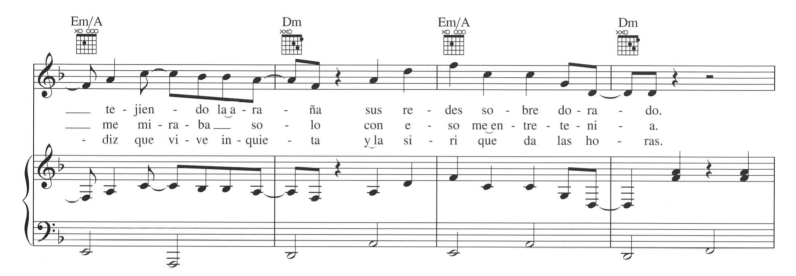

te - jien - do la a - ra - ña sus re - des so - bre do - ra - do.
me mi - ra - ba __ so - lo con e - so me en - tre - te - ni - a.
-diz que vi - ve in - quie - ta y la si - ri que da las ho - ras.

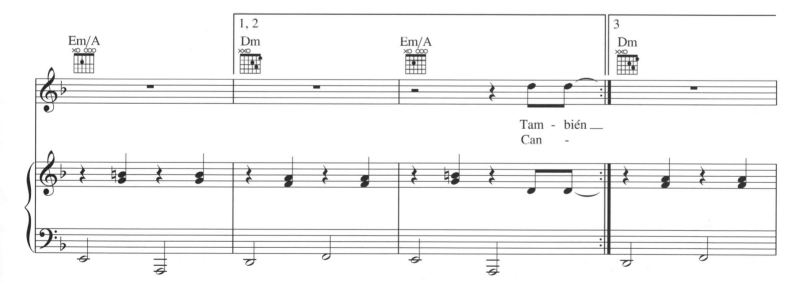

1, 2

Tam - bién __
Can -

3

Repeat and Fade

Optional Ending

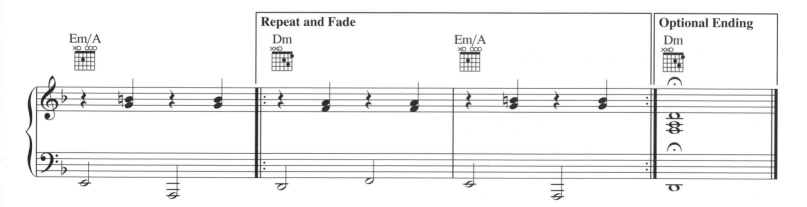

LUNA NUEVA

Words and Music by CARLOS VIVES
and MARTÍN MADERA

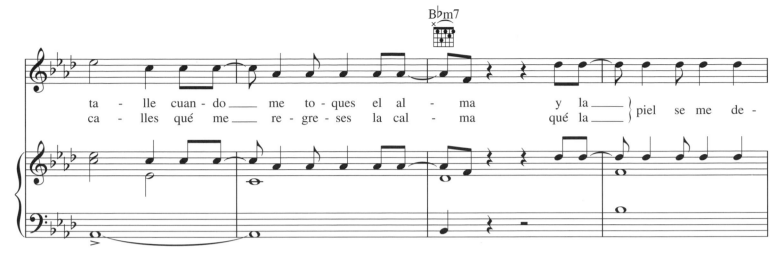

ta - lle cuan - do___ me to - ques el al - ma y la___ ⎫ piel se me de -
ca - lles qué me___ re - gre - ses la cal - ma qué la___ ⎭

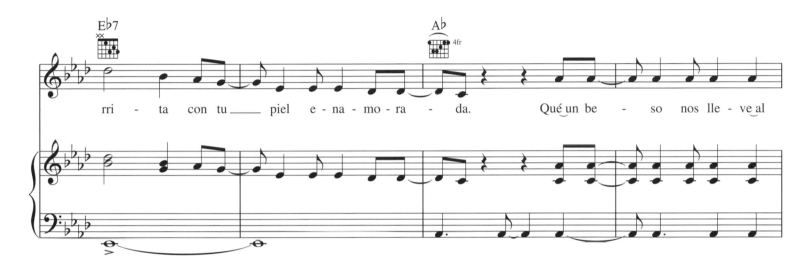

rri - ta con tu___ piel e - na - mo - ra - da. Qué un be - so nos lle - ve al

cie - lo vo - lan - do en tus sen - ti - mien - tos que sé ex - pan - da u - na ca -

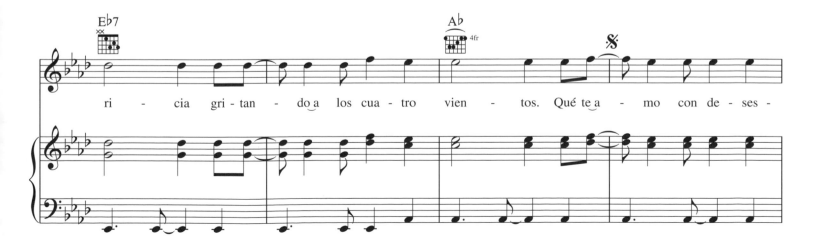

ri - cia gri - tan - do a los cua - tro vien - tos. Qué te a - mo con de - ses -

pe - ro co - mo___ lo co en lu - na nue - va que cuan - do no es - tas con -

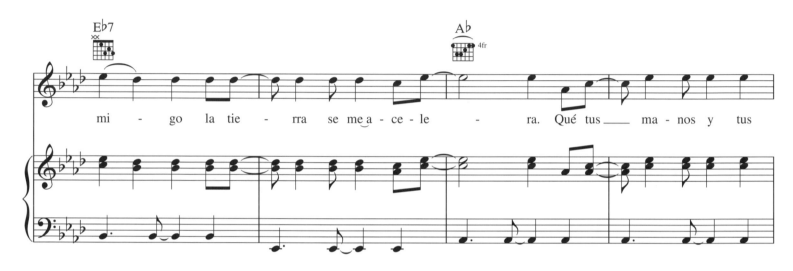

mi - go la tie - rra se me a - ce - le - ra. Qué tus___ ma - nos y tus

be - sos me lle - ven a lo que sien - to qué un ra - yo que a - lum - bre el

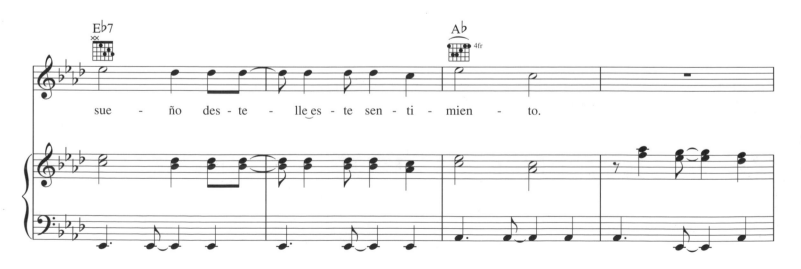

sue - ño des - te - lle es - te sen - ti - mien - to.

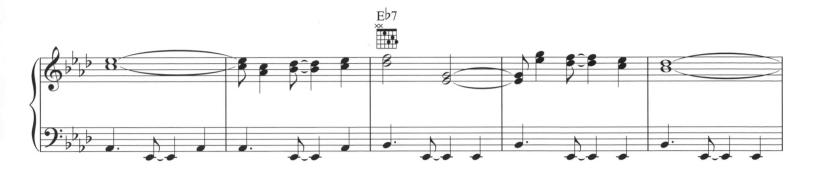

Qué me a -

Te quie - ro ca - ri - ño san - to te a - do - ro mu - jer di - vi -

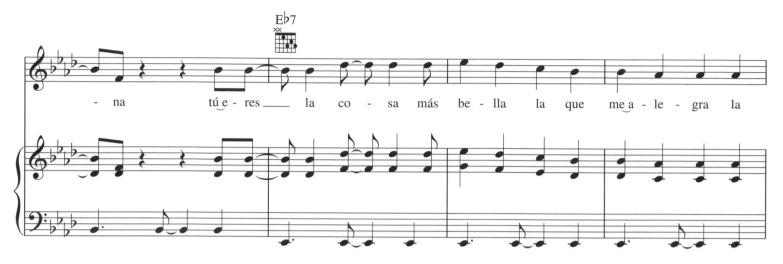

-na tú e-res __ la co-sa más be-lla la que me a-le-gra la

vi - da. Y de - cir-te a la ma-ña - na cuan-do __ se a-pa-re-ce el

dí - a por la __ tar-de, por la no - che que e-res __ la ú - ni-ca en mi vi - da. Qué te a-

D.S. al Coda

CODA

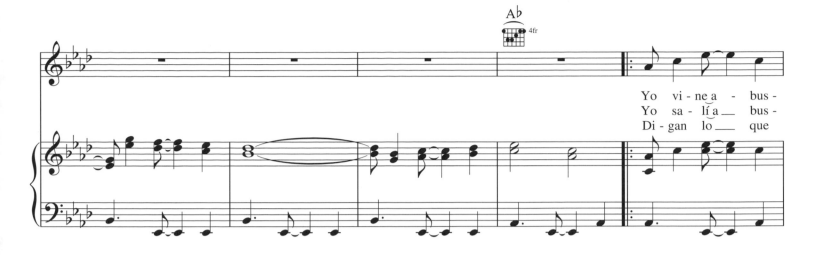

Yo vi - ne a - bus -
Yo sa - lí a - bus -
Di - gan lo__ que

car - te pa - ra que__ sa - lie - ras y__ qué me__ lle -
car - te y__ llue - va__ que llue - va pe - ro voy can -
di - gan yo__ no ten - go pe - na qué__ yo voy__ con -

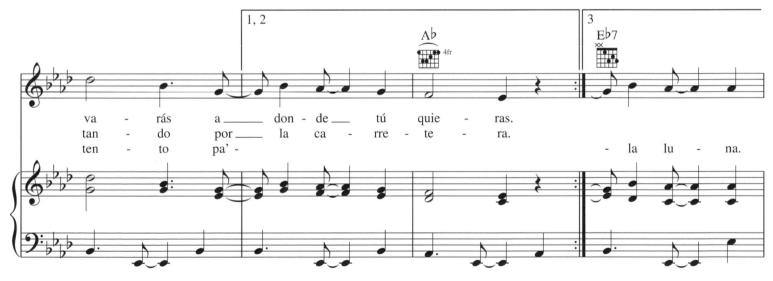

va - rás a__ don - de tú quie - ras.
tan - do por__ la ca - rre - te - ra.
ten - to pa'__ - la lu - na.

NI DE AQUÍ A LA ESQUINA

Words and Music by
FABIAN CORRALES

Moderato rápido

Ya es muy

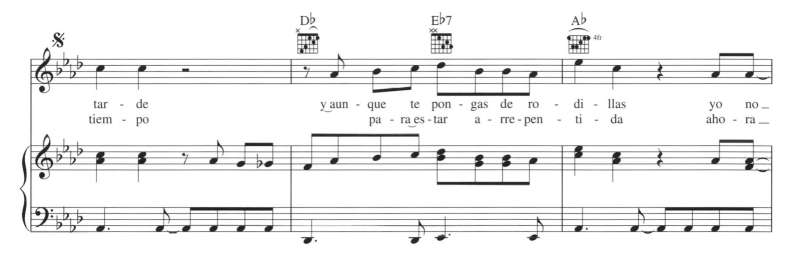

tar - de
tiem - po

y aun - que te pon - gas de ro - di - llas   yo no__
pa - ra es - tar a - rre - pen - ti - da   aho - ra__

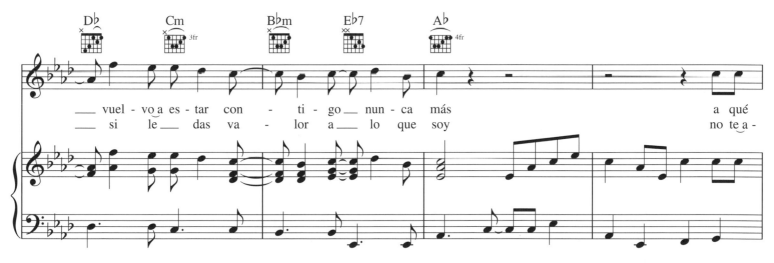

__ vuel - vo a es - tar con - ti - go nun - ca más   a qué
__ si le__ das va - lor a__ lo que soy   no te a -

vie - nes
cuer - das

ya me a - mar - gas - te la vi - da   no creas__
lo que ro - gué, lo que me ha - cí - as   pe - ro__

que me ha si-do fá-cil ol-vi-dar.
tú an-da-bas pen-dien-te de o-tro a-mor.

Yo no sé si tu ser ha cam-bia-do yo no
Por qué a-li-men-tas-te mi es-pe-ran-za si sa-

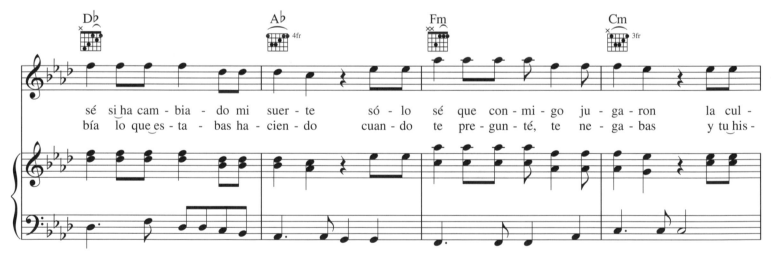

sé si ha cam-bia-do mi suer-te só-lo sé que con-mi-go ju-ga-ron la cul y
bía lo que es-ta-bas ha-cien-do cuan-do te pre-gun-té, te ne-ga-bas y tu his-

pa-ble la ten-go a-quí al fren-te só-lo sé que con-mi-go ju-ga-ron la cul y
to-ria la se-guía cre-yen-do. Cuan-do te pre-gun-té, te ne-ga-bas y tu his-

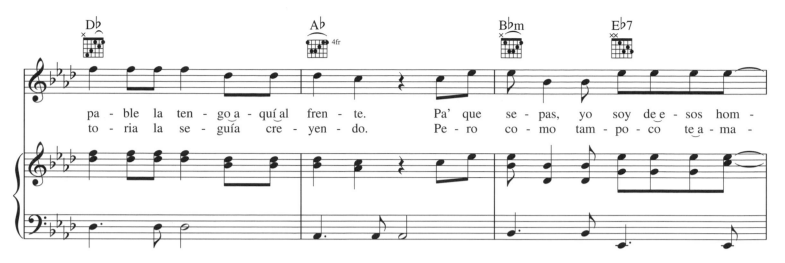

pa - ble la ten - go a - quí al fren - te. Pa' que se - pas, yo soy de e - sos hom -
to - ria la se - guía cre - yen - do. Pe - ro co - mo tam - po - co te a - ma -

- bres que no se a - rre - pien - ten por - que ten - go or -
- ba vuel - ves a mi la - do a bus - car el

gu - llo no me do - ble - go por - que es - tés bo - ni - ta no me son -
ton - to el que co - rrí - a pa' dar - te lo jus - to e - se que

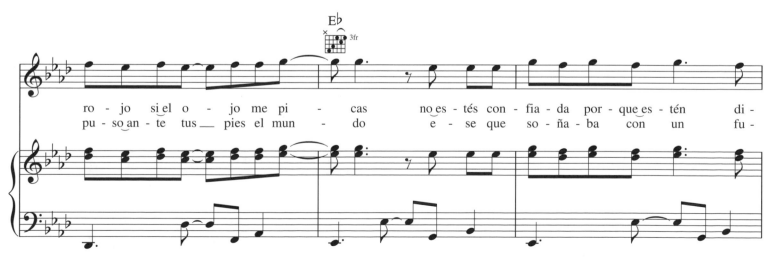

ro - jo si el o - jo me pi - cas no es - tés con - fia - da por - que es - tén di -
pu - so an - te tus __ pies el mun - do e - se que so - ña - ba con un fu -

cien - do que res la due - ña de mi___ co - ra - zón.
tu - ro y se ve - í - a de no - via en__ el al - tar.

Cuan - do te a -

ma - ba co - me - tí un e - rror que - rer - te tan - to y no pen - sa - ba en

mí. Llo - ra si tie - nes que llo - rar, llo - ra, llo - ra.___

___ Su - fre si tie - nes que su - frir, su - fre, su - fre.___

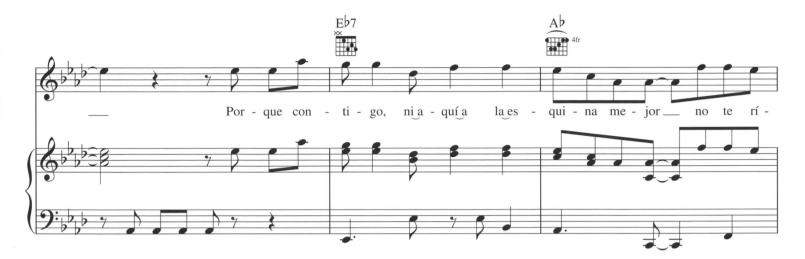

Por - que con - ti - go, ni a - quí a la es - qui - na me - jor __ no te rí -

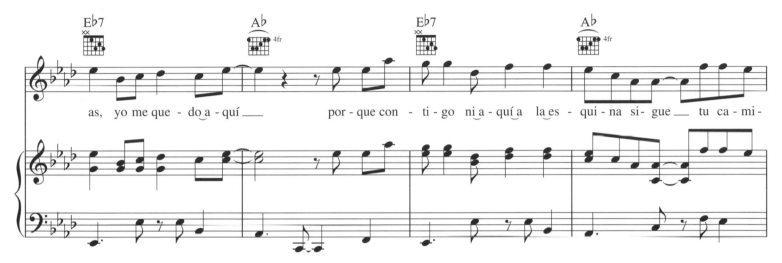

as, yo me que - do a - quí __ por - que con - ti - go ni a - quí a la es - qui - na si - gue __ tu ca - mi -

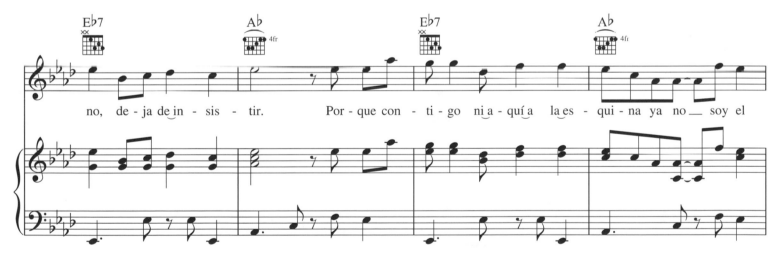

no, de - ja de in - sis - tir. Por - que con - ti - go ni a - quí a la es - qui - na ya no __ soy el

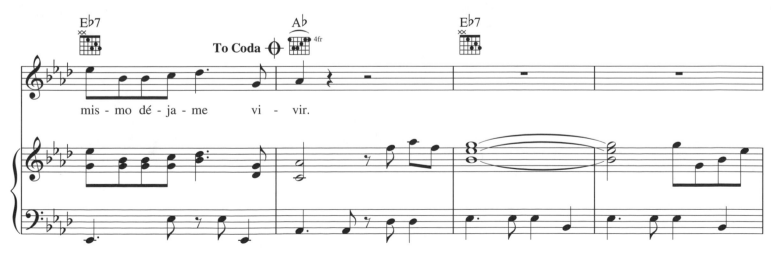

mis - mo dé - ja - me vi - vir.

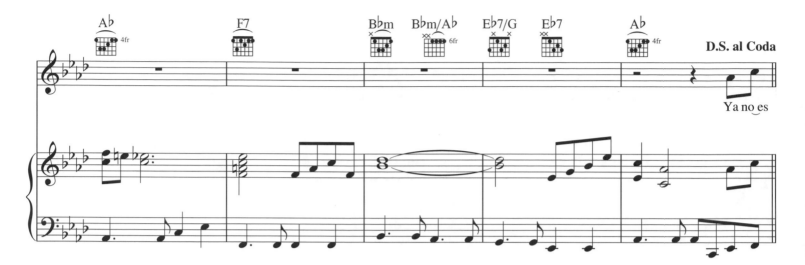

D.S. al Coda

Ya no es

CODA

vir. Llo-ra si tie - nes que llo-rar, llo-ra, llo-ra. _____

Su-fre si tie - nes que su-frir, su-fre, su-fre. _____

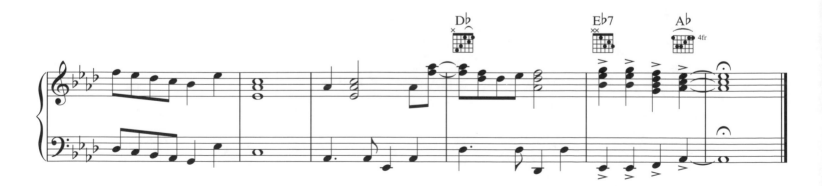

NO PUDE QUITARTE LAS ESPINAS

Words and Music by
ALBERTO "TICO" MERCADO SUÁREZ

Moderado rápido

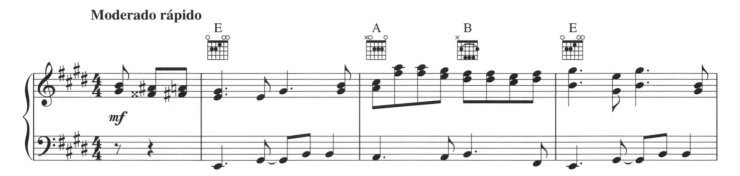

Se me ha muer-to el co-ra-zón en es-ta___ vez   sa - bí-a que me ma-ta-

Ya tú ha - bí-as heri-do a más de un co-ra-zón   pe - ro a ha - cer que tú me a-

rí - a es ta i - lu - sión   por que - rer - te vol - ver bue - na   y ser due - ño de mil
ma - ras me a - rries - gué   me en - ga - ñas - te con el tiem - po   y al fi - nal di - je: te

pe - nas m en - a - mo - ré   fue mi e - rror,   aho - ra pa - go por a -
quie - ro por - que te sen - tí que - rer   aho - ra su - fro mi con -

mar - te el pe - ca - do de a - do - rar - te y me de - jas qué do - lor. _____
de - na, ya sa - bia que no e - ras bue - na Dios, por qué me en - a - mo - ré? _____

Y en el vien - to _____   me de - jas un sus - pi - ro y mi si -
Sen - ti - mien - tos, _____   por qué ca - ye - ron ba - jo su son -

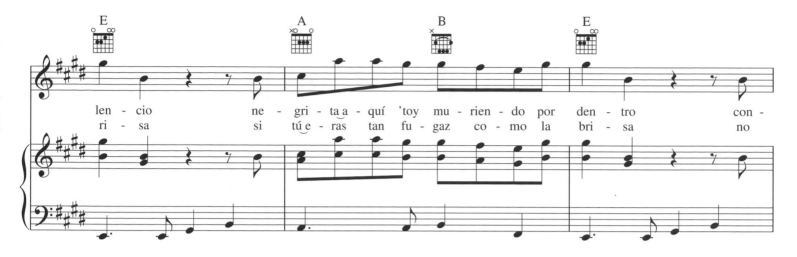

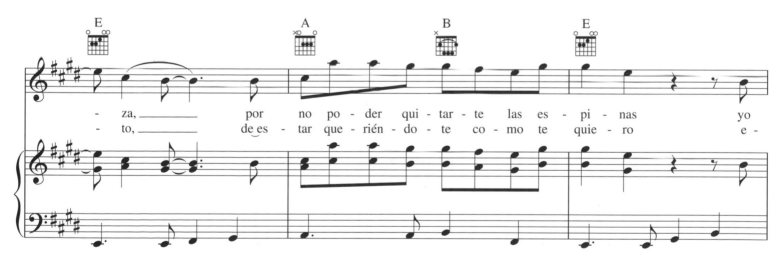

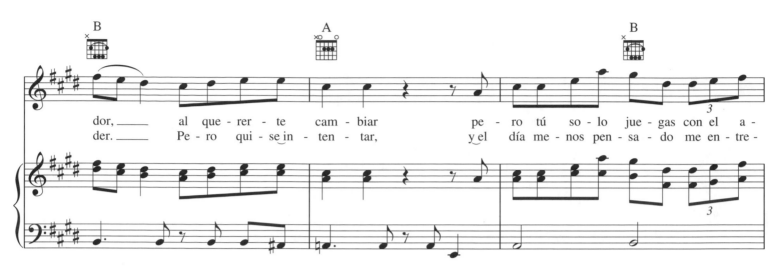

dor, _____ al que-rer-te cam-biar   pe - ro tú so - lo jue-gas con el a-
der. _____ Pe - ro qui-se in-ten-tar,   y el día me-nos pen-sa-do me en-tre-

mor.   Cuan - do no de-bí en-tre-gar-me me en-tre-gué sin con-di-ción fuí tan
gué.   Aho - ra su-fri-ré el des-ti - no de un a-mar-go su-frir sin dis-

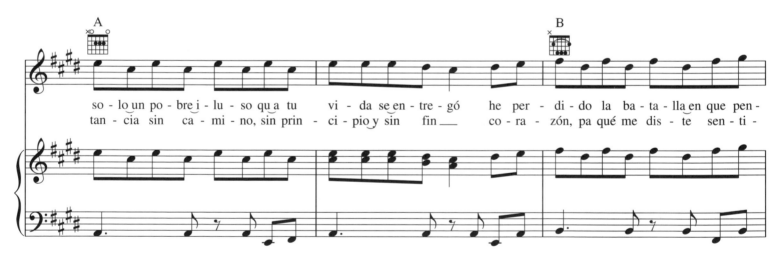

so - lo un po-bre i-lu-so qu'a tu   vi - da se en-tre-gó   he per-di-do la ba-ta-lla en que pen-
tan - cia sin ca-mi-no, sin prin-ci-pio y sin fin _____   co-ra-zón, pa qué me dis-te sen-ti-

sa - ba que sal-drí-a ven-ce-dor. }
mien-tos si so-lo se-rí-a mo-rir. }   En to-dos los rin-co-

nes   de mi al - ma es - tás guar - da - da   có - mo ol - vi - dar - - me que e - xis -

- tes tú   te a - bu - rris - te de te - ner - me,   ya te   fas - ti - dió a - do - rar - me   y a ho -

ra me en - tre - go pre - so en el do - lor.   Y en el vien - to _____   me

de - jas un sus - pi - ro y mi si - len - cio   ne - gri - ta a - quí stoy mu - rien - do por

dentro con - fie - sa que e - res tú mi gran a - mor, _____ mi gran a -

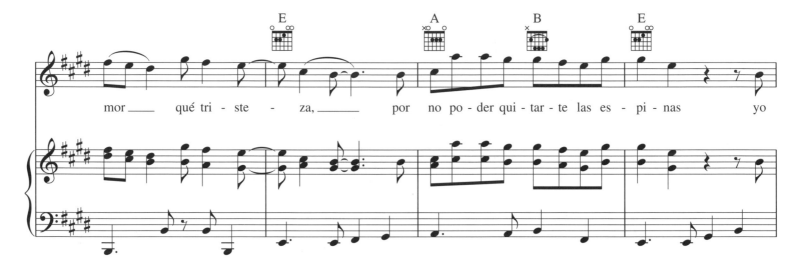

mor _____ qué tri - ste - za, _____ por no po - der qui - tar - te las es - pi - nas yo

mis - mo he cul - ti - va - do mis he - ri - das yo mis - mo me de - cla - ré per - de - dor, _____ al que - rer - te

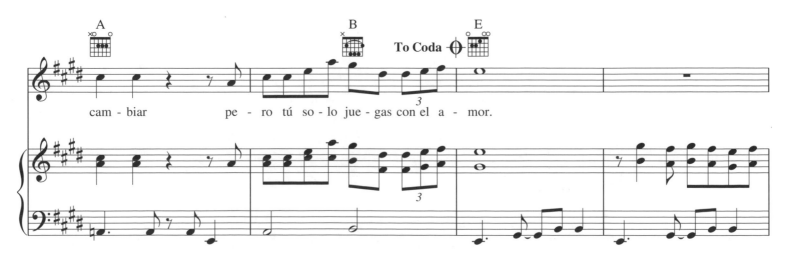

cam - biar pe - ro tú so - lo jue - gas con el a - mor.

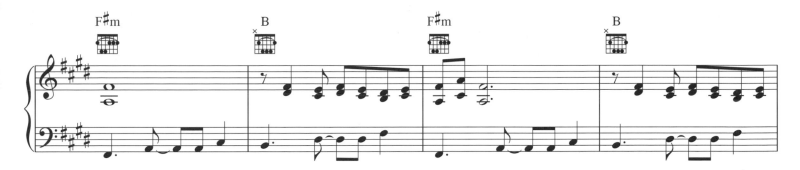

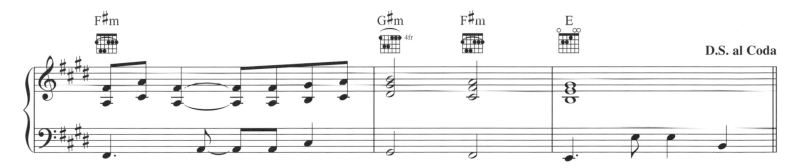

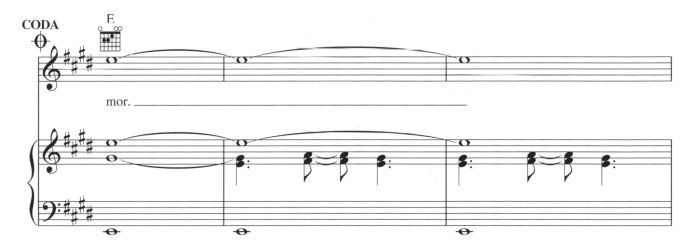

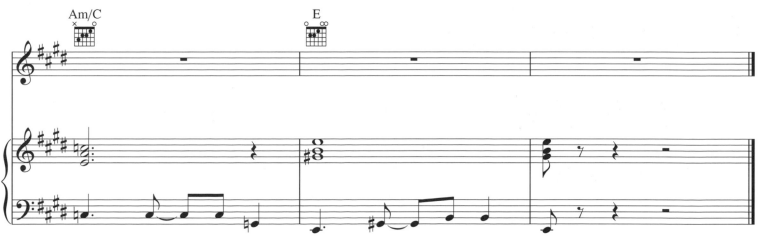

PEDAZO DE ACORDEÓN

Words and Music by
GILBERTO ALEJANDRO DURÁN DÍAZ

Rápido

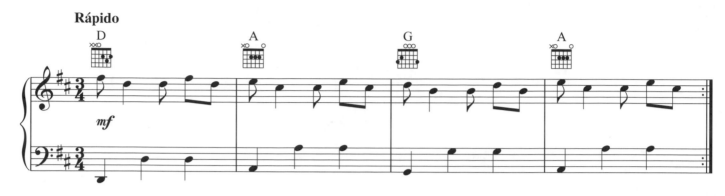

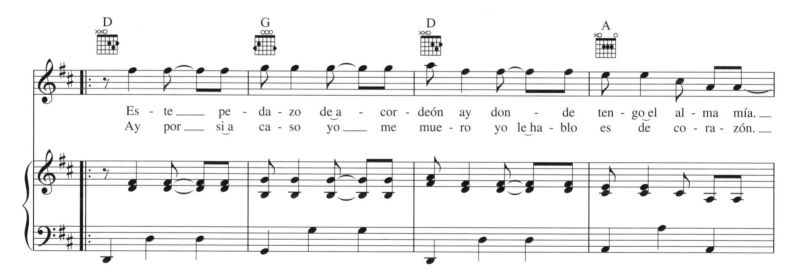

Es - te ___ pe - da - zo de a - cor - deón ay don - de ten - go el al - ma mía. ___
Ay por ___ si a ca - so yo ___ me mue - ro yo le ha - blo es de co - ra - zón. ___

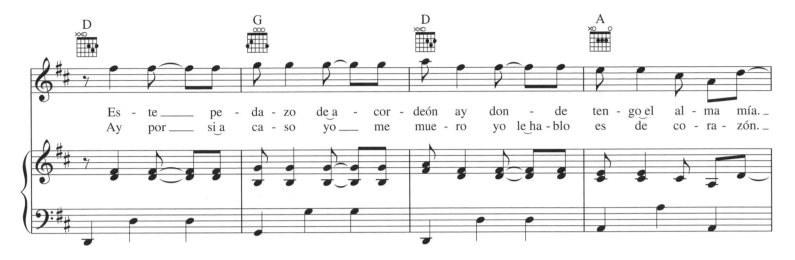

Es - te _____ pe - da - zo de a - cor - deón ay don - de ten - go el al - ma mía. _____
Ay por _____ si a ca - so yo _____ me mue - ro yo le ha - blo es de co - ra - zón. _____

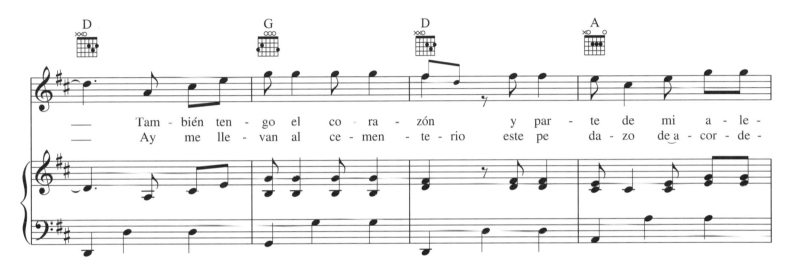

_____ Tam - bién ten - go el co - ra - zón y par - te de mi a - le -
_____ Ay me lle - van al ce - men - te - rio es - te pe - da - zo de a - cor - de -

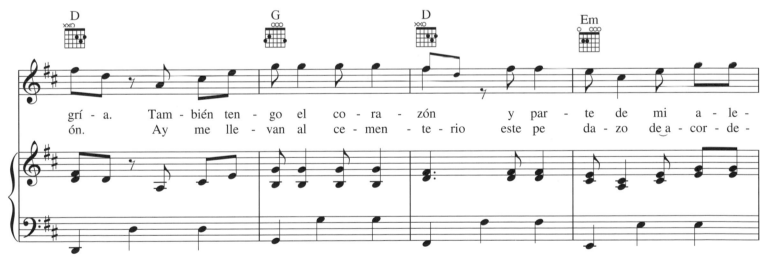

grí - a. Tam - bién ten - go el co - ra - zón y par - te de mi a - le -
ón. Ay me lle - van al ce - men - te - rio es - te pe - da - zo de a - cor - de -

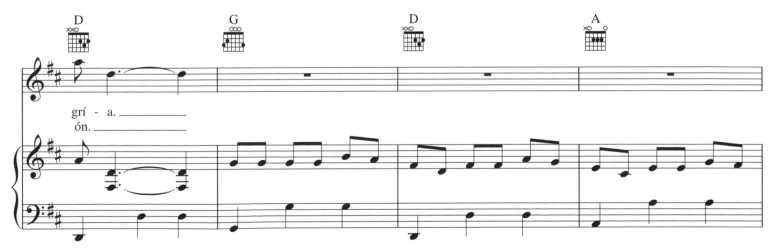

grí - a. _____
ón. _____

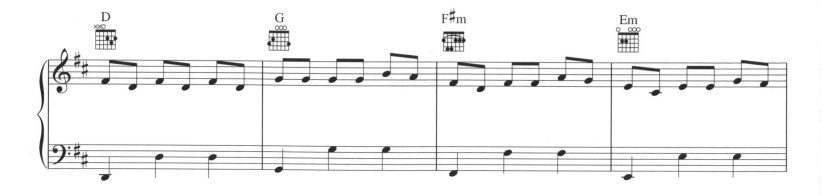

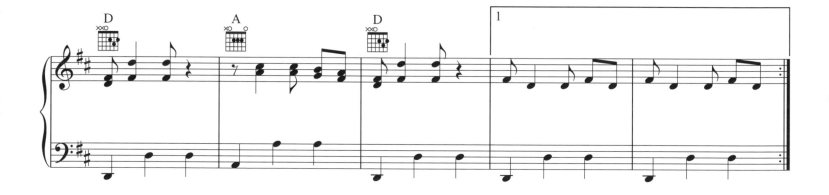

TE QUIERO Y TE PIENSO

Words and Music by
WILFRÁN CASTILLO UTRIA

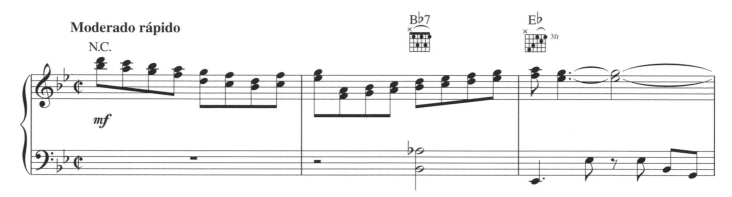

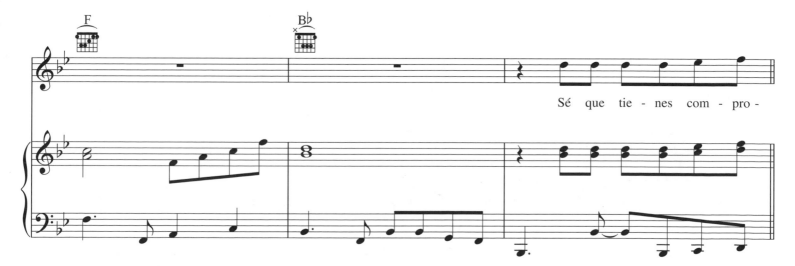

Sé que tie - nes com - pro -

mi - so vi - da mí - a
cio - nes es - ta no - che

y no has que - ri - do brin - dar - me u - na es - pe - ran - za
y no has que - ri - do brin - dar - me la es - pe - ran - za

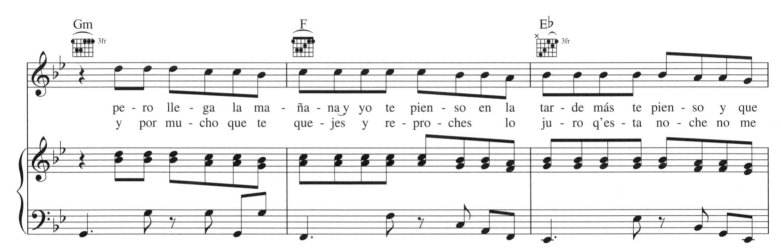

pe - ro lle - ga la ma - ña - na y yo te pien - so en la tar - de más te pien - so y que
y por mu - cho que te que - jes y re - pro - ches lo ju - ro q'es - ta no - che no me

voy a ha - cer con - ti - go.
voy de tu ven - ta - na.

Por - que lle - gan tus a - mi - gas a con - tar - me de tu
Por - que quie - ro que me di - gas rei - na her - mo - sa que mis

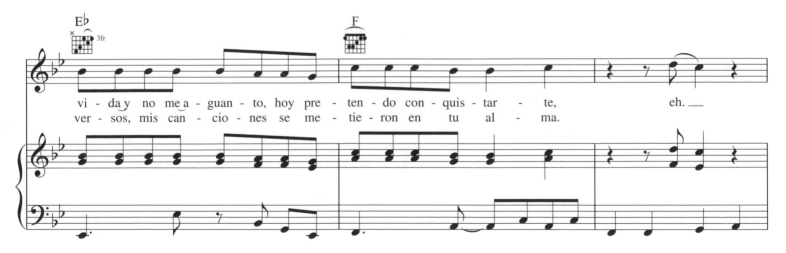

vi - da y no me a - guan - to, hoy pre - ten - do con - quis - tar - te, eh. __
ver - sos, mis can - cio - nes se me - tie - ron en tu al - ma.

Que te quie-ro, que te pien-so, que te ex-tra - ño que te a - mo y lo-ca-men-te e-na-mo-ra-do
Yo da - rí - a me-dia vi - da por te - ner te en-tre mis bra - zos to - tal-men-te cau-ti-va-da,

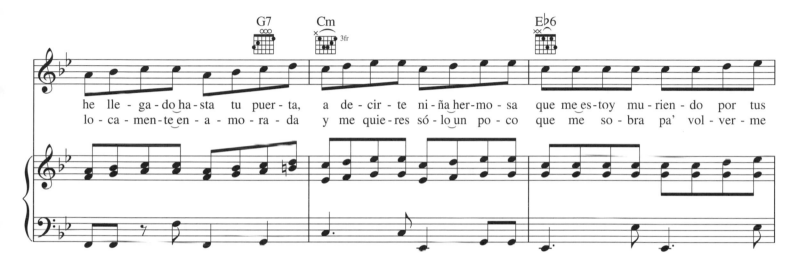

he lle-ga-do ha-sta tu puer - ta, a de-cir-te ni-ña her-mo-sa que me es-toy mu-rien-do por tus
lo - ca - men-te en - a - mo - ra - da y me quie-res só-lo un po-co que me so-bra pa' vol-ver-me

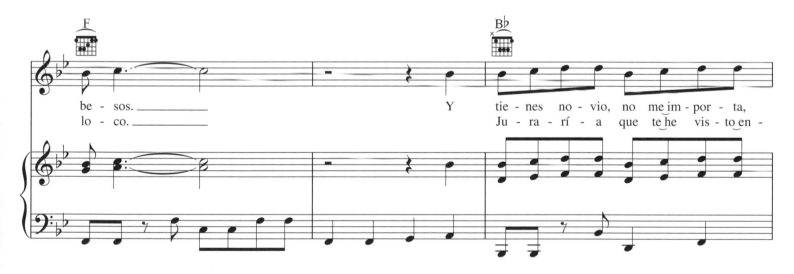

be - sos. _____ Y tie-nes no-vio, no me im-por - ta,
lo - co. _____ Ju - ra-rí - a que te he vis-to en-

ya me he vuel-to des-ca-ra-do, te en-vío ca-rro te en-vió ro - sas y nun-ca me has con-tes-ta-do
tre mis sue-ños y te can-to pe - ro cuan-do ya es-toy cer-ca te me es-ca-pas de las ma-nos,

pe - ro ca - llas y pa - re - ce que no quie - res es - tar a su la - do. _____
ya no te - mas más mi vi - da, ven que ya yo te es - toy es - pe - ran - do. _____

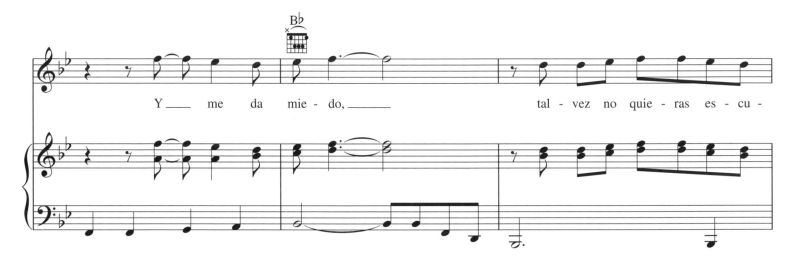

Y ___ me da mie - do, _____ tal - vez no quie - ras es - cu -

char - me por qué te es - con - des al ha - blar - me si quie - ro con - fe -

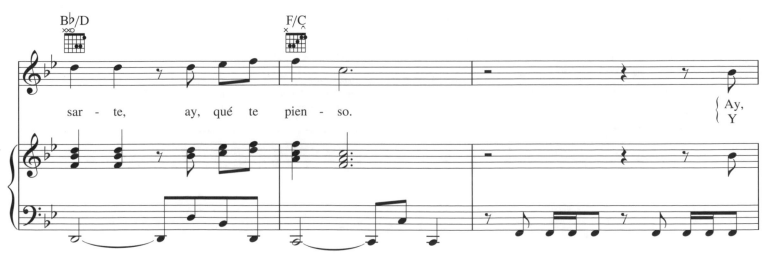

sar - te, ay, qué te pien - so. { Ay,
{ Y

que te quie-ro, que te pien-so, que te ex-tra-ño que te a-mo y lo-ca-men-te e-na-mo-ra-do
yo da-rí-a me-dia vi-da por te-ner-te en-tre mis bra-zos to-tal-men-te cau-ti-va-da,

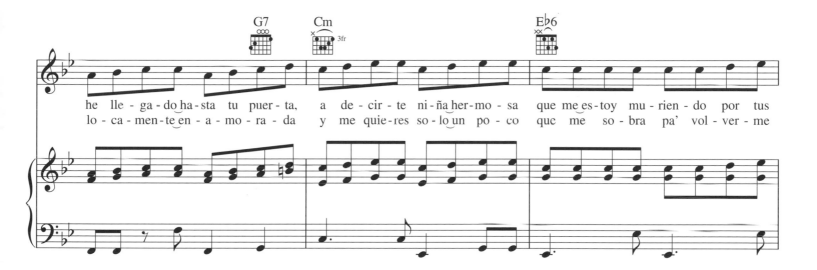

he lle-ga-do ha-sta tu puer-ta, a de-cir-te ni-ña her-mo-sa que me es-toy mu-rien-do por tus
lo-ca-men-te en-a-mo-ra-da y me quie-res so-lo un po-co que me so-bra pa' vol-ver-me

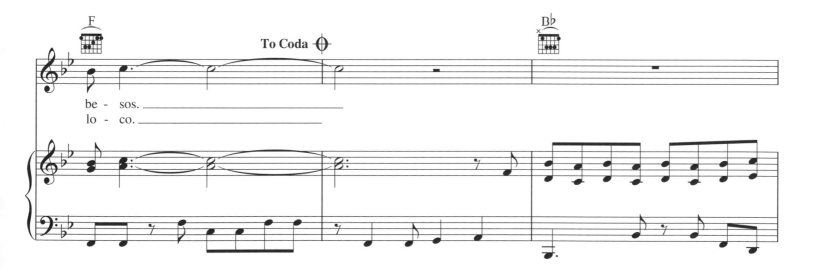

be - sos. _____
lo - co. _____

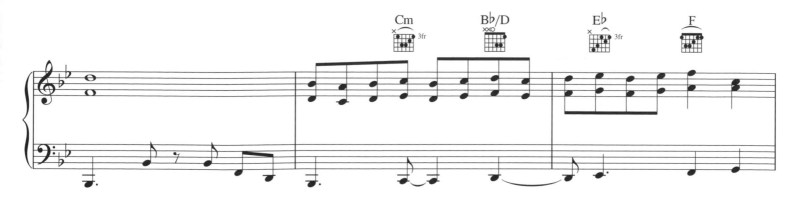

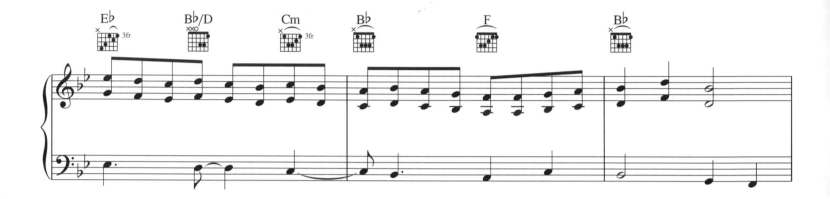

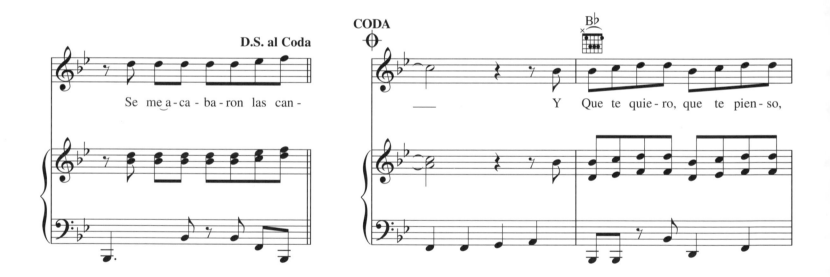

Se me a-ca-ba-ron las can-

Y Que te quie-ro, que te pien-so,

que te ex-tra-ño que te a-mo y lo-ca-men-te e-na-mo-ra-do he lle-ga-do ha-sta tu puer-ta,

a de-cir-te ni-ña her-mo-sa que me es-toy mu-rien-do por tus be-sos. _____

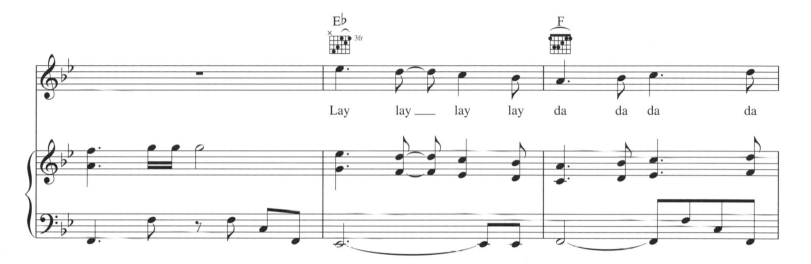

Lay lay ___ lay lay da da da da

day da lay lay ___ lay lay

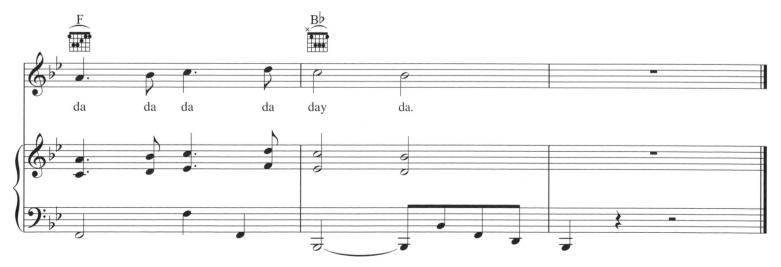

da da da da day da.

SIN TÍ NO HAY VIDA

Words and Music by
IVÁN CALDERÓN

Moderado rápido

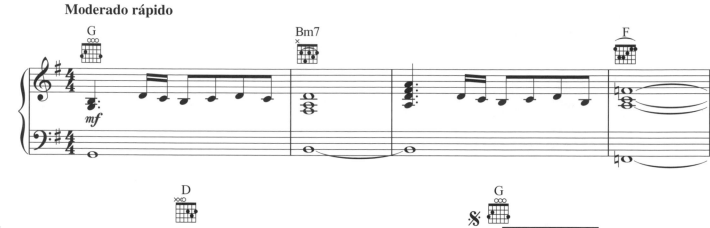

E - stá bi - en ___
Con tu a - di - os ___

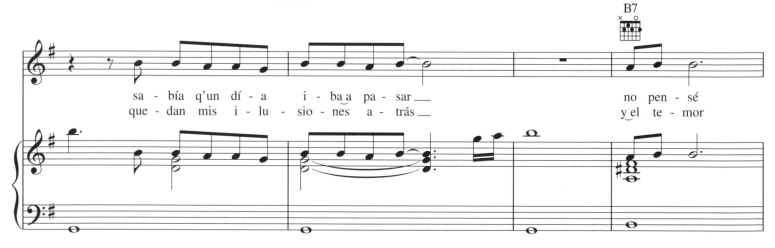

sa - bía q'un dí - a i - ba a pa - sar ___ no pen - sé
que - dan mis i - lu - sio - nes a - trás ___ y el te - mor

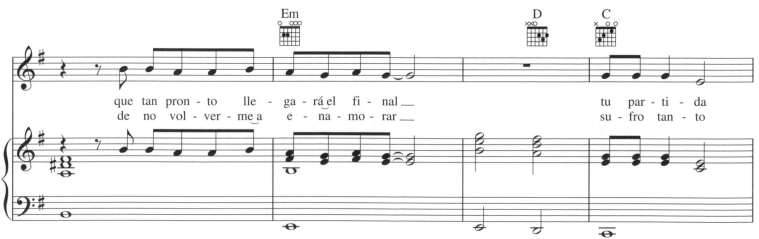

que tan pron - to lle - ga - rá el fi - nal ___ tu par - ti - da
de no vol - ver - me a e - na - mo - rar ___ su - fro tan - to

ha de - ja - do mi al - ma en pe - da - zos _____ y has - ta sien - to
al sen - tir que muy le - jos te en - cuen - tras _____ y en las no - ches

que no po - dré se - guir sin tí. _____ Pue - des ir - te __ muy le -
so - lo llo - ro por - que no es - tás. _____ Có - mo an - he - lo __ te - ner -

- jos pe - ro en mí vi - vi - rás _____ pue - des vo - lar __ muy al -
- te que has - ta tiem - blo al pen - sar _____ qué lin - da se - ría mi suer -

- to, un dí - a re - gre - sa - rás _____ pue - des ve - nir __ llo - ran -
- te si de - ci - des re - gre - sar _____ y mis no - ches __ con - ti -

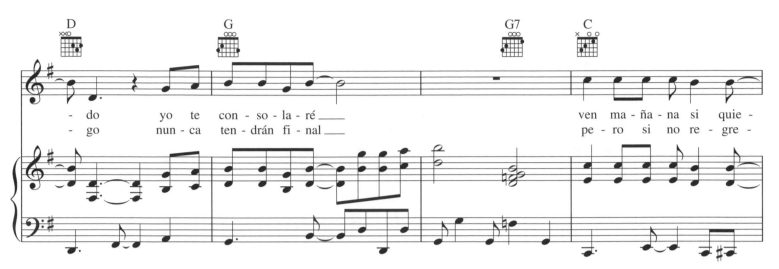

do   yo te con-so-la-ré____   ven ma-ña-na si quie-
go   nun-ca ten-drán fi-nal____   pe-ro si no re-gre-

res,   a-quí te es-pe-ra-ré._____
sas,   yo no se qué se-rá._____

Por-que te   ju-ro que yo__ no sé,____   que pa-sa-rá si tú_____
Vi-vi-ré__ pa-ra__ cum-plir____   es-ta con-de-na que me das____

____   no vuel-ves,   no re-gre-sas,   a mi vi-da_____
____   tu des-pre-cio   me cas-ti-ga   y has-ta me ha-ce llo-rar_____

me ma - ta - rá el do - lor___ lo sé____ si no de - ci - des re - gre - sar___
só - lo Dios me pue - de___ sal - var,___ de lo con - tra - rio mo - ri - ré___

___ no tar - des, vuel - ve pron - to pa - ra a - mar - te.
___ si te en - cuen - tro en la o - tra vi - da, mu - cho más te a - ma - ré. ___

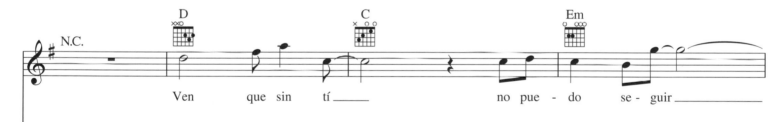

Ven que sin tí____ no pue - do se - guir_____

___ ven que sin tí____ ya no hay vi - da._____

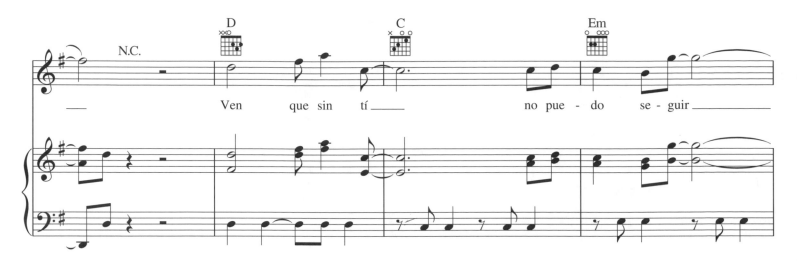

Ven que sin tí ___ no pue - do se - guir ___

ven que sin tí ___ ya no hay vi - da.

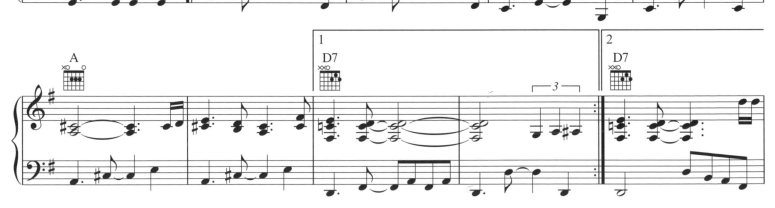

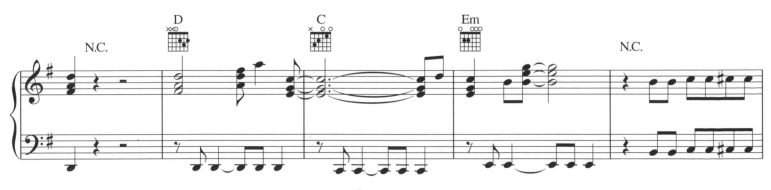

D.S. al Coda

CODA

vi - da.   Ven   que sin tí

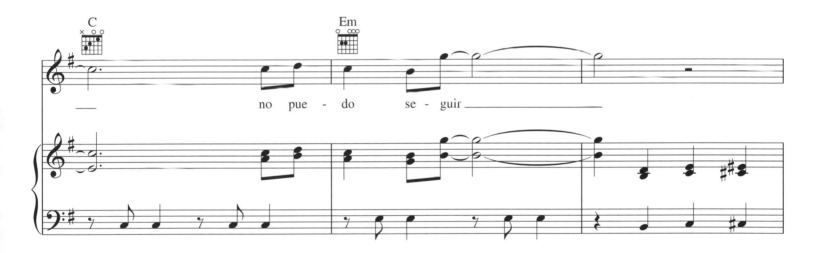

no pue - do se - guir

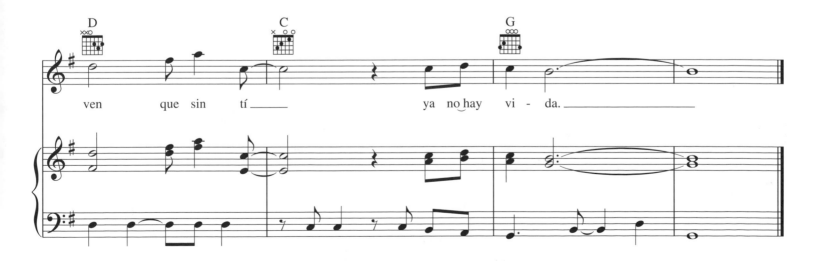

ven   que sin tí   ya no hay   vi - da.

TIERRA MALA

Words and Music by
JOSÉ A. MOYA

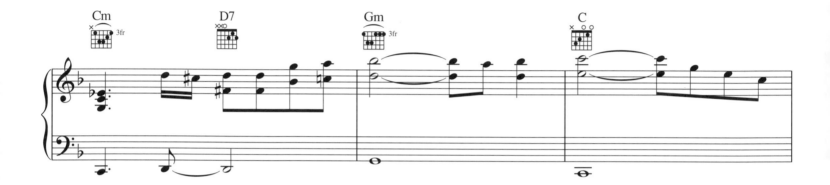

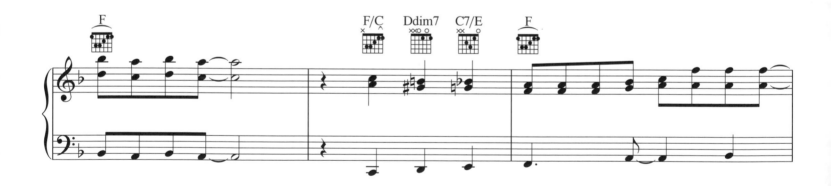

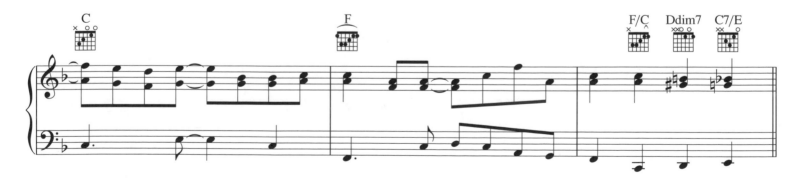

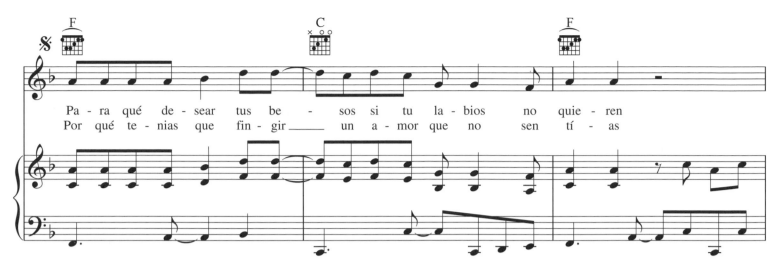

Pa - ra qué de - sear tus be - sos si tu la - bios no quie - ren
Por qué te - nias que fin - gir_____ un a - mor que no sen - tí - as

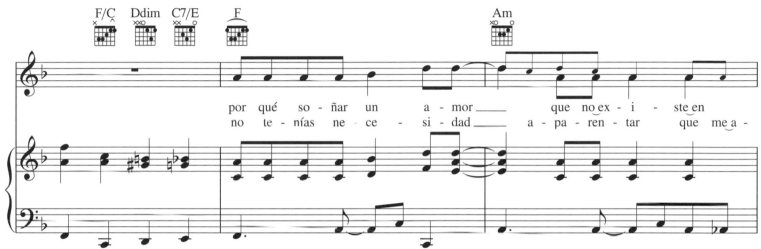

por qué so - ñar un a - mor_____ que no ex - i - ste en
no te - nías ne - ce - si - dad_____ a - pa - ren - tar que me a -

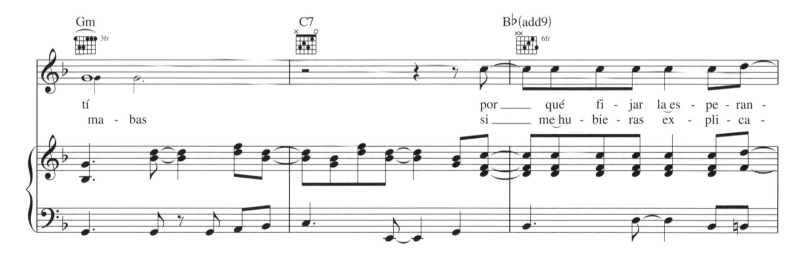

tí por_____ qué fi - jar la es - pe - ran -
ma - bas si_____ me hu - bie - ras ex - pli - ca -

- za en al - go que ya ha muer - to
- do te hu - bie - ra en - ten - di - do

si al fi - nal de __ la i - lu - sión no hay un día que no se a - gris sí,
pe - ro más du - ro me dió al sa - ber que te ca - sa - bas, sí,

sí. Sem - bré se - mi - llas de a - mor ____ en for - ma des - de
sí. Nun - ca pen - sé que tu - vie - ras un co - ra - zón de

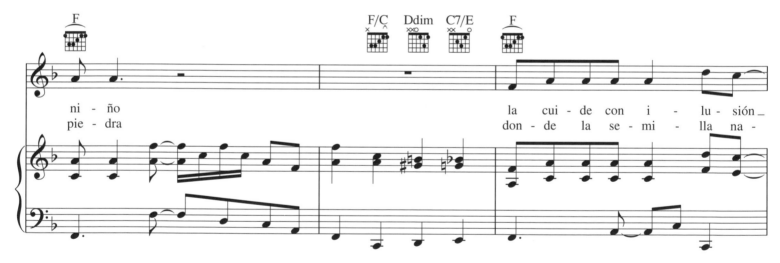

ni - ño la cui - de con i - lu - sión _
pie - dra don - de la se - mi - lla na -

_ ro - deán - do - la de ca - ri - ño y al -
- ce pe - ro no e - cha ra - iz ____ cre -

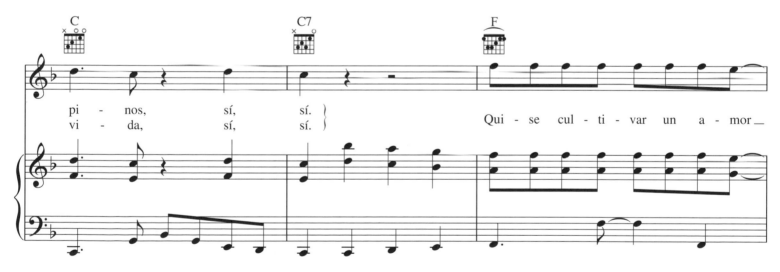

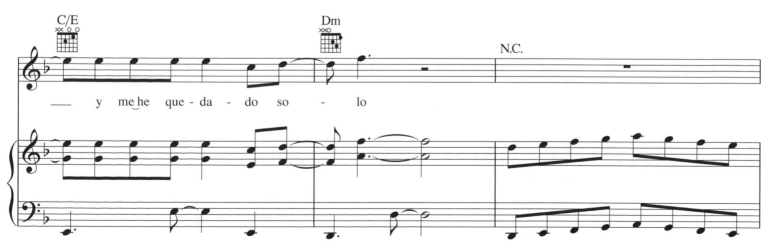

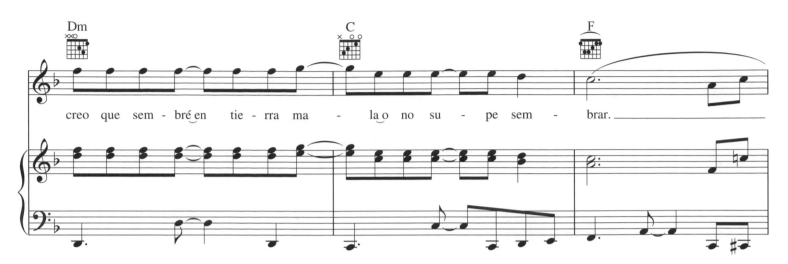

creo que sem - bré en tie - rra ma - la o no su - pe sem - brar. _____

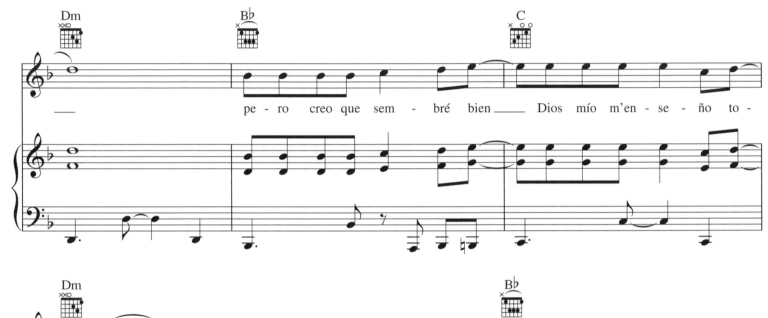

_____ pe - ro creo que sem - bré bien ____ Dios mío m'en - se - ño to -

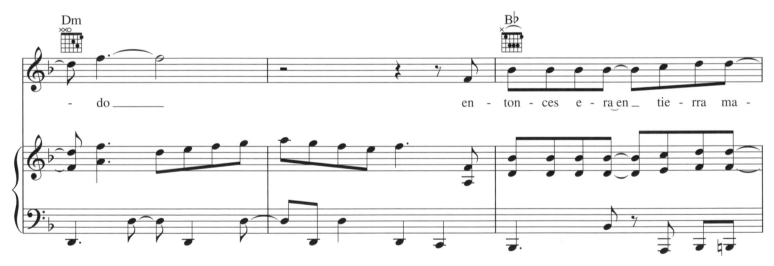

- do _____ en - ton - ces e - ra en tie - rra ma -

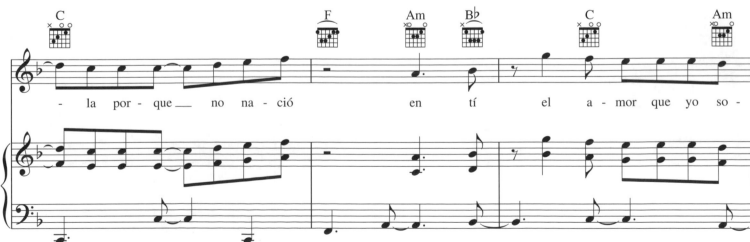

- la por - que ____ no na - ció en tí el a - mor que yo so -

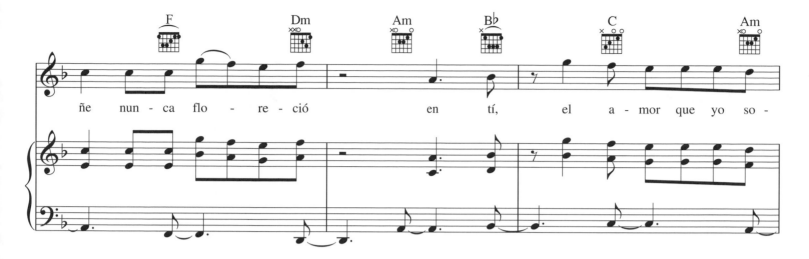

ñe nun - ca flo - re - ció   en tí,   el a - mor que yo so -

ñe nun - ca flo - re - ció ____ en ____ tí el a - mor ____ y ____ muy so -

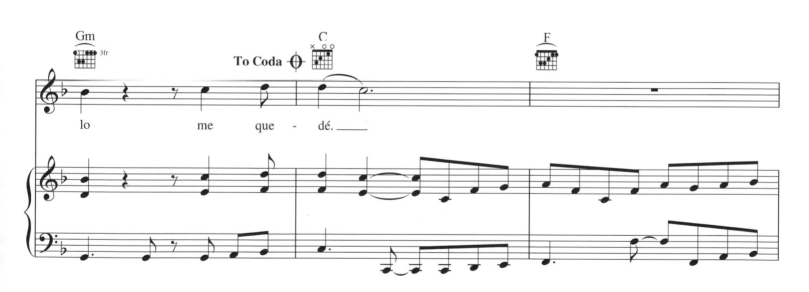

lo   me que - dé. ____

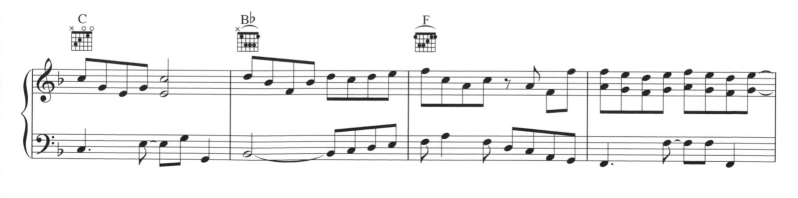

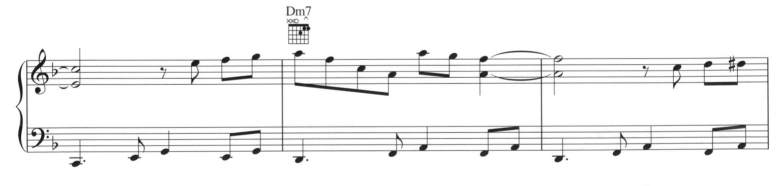